中国社会科学院国情调研特大项目"精准扶贫精准脱贫百村调研"

精准扶贫精准脱贫百村调研丛书

CASE STUDIES OF TARGETED POVERTY REDUCTION AND
ALLEVIATION IN 100 VILLAGES

李培林／主编

精准扶贫精准脱贫
百村调研·白石口村卷

乡村旅游扶贫的经验与路径

王　谋／著

社会科学文献出版社

SOCIAL SCIENCES ACADEMIC PRESS (CHINA)

中国社会科学院国情调研特大项目
"精准扶贫精准脱贫百村调研"
项目协调办公室

主　任：王子豪

成　员：檀学文　刁鹏飞　闫　珺　田　甜　曲海燕

总　序

　　调查研究是党的优良传统和作风。在党中央领导下，中国社会科学院一贯秉持理论联系实际的学风，并具有开展国情调研的深厚传统。1988年，中国社会科学院与全国社会科学界一起开展了百县市经济社会调查，并被列为"七五"和"八五"国家哲学社会科学重点课题，出版了《中国国情丛书——百县市经济社会调查》。1998年，国情调研视野从中观走向微观，由国家社科基金批准百村经济社会调查"九五"重点项目，出版了《中国国情丛书——百村经济社会调查》。2006年，中国社会科学院全面启动国情调研工作，先后组织实施了1000余项国情调研项目，与地方合作设立院级国情调研基地12个、所级国情调研基地59个。国情调研很好地践行了理论联系实际、实践是检验真理的唯一标准的马克思主义认识论和学风，为发挥中国社会科学院思想库和智囊团作用做出了重要贡献。

　　党的十八大以来，在全面建成小康社会目标指引下，中央提出了到2020年实现我国现行标准下农村贫困人口脱贫、贫困县全部"摘帽"、解决区域性整体贫困的脱贫攻坚目标。中国的减贫成就举世瞩目，如此宏大的脱贫目标世所罕见。到 2020 年实现全面精准脱贫是党的十九大提出的三大攻坚战之一，是重大的社会目标和政治任务，中国的贫困地区在此期间也将发生翻天覆地的变化，而变化的过程注定不会一帆风顺或云淡风轻。记录这个伟大的过程，总结解决这个世界性难题的经验，为完成这个攻坚战献计献策，是社会科学工作者应有的责任担当。

2016 年，中国社会科学院根据中央做出的"打赢脱贫攻坚战"战略部署，决定设立"精准扶贫精准脱贫百村调研"国情调研特大项目，集中优势人力、物力，以精准扶贫为主题，集中两年时间，开展贫困村百村调研。"精准扶贫精准脱贫百村调研"是中国社会科学院国情调研重大工程，有统一的样本村选择标准和广泛的地域分布，有明确的调研目标和统一的调研进度安排。调研的 104 个样本村，西部、中部和东部地区的比例分别为 57%、27% 和 16%，对民族地区、边境地区、片区、深度贫困地区都有专门的考虑，有望对全国贫困村有基本的代表性，对当前中国农村贫困状况和减贫、发展状况有一个横断面式的全景展示。

在以习近平同志为核心的党中央坚强领导下，党的十八大以来的中国特色社会主义实践引导中国进入中国特色社会主义新时代，我国经济社会格局正在发生深刻变化，脱贫攻坚行动顺利推进，每年实现贫困人口脱贫 1000 多万人，贫困人口从 2012 年的 9899 万人减少到 2017 年的 3046 万人，在较短时间内实现了贫困村面貌的巨大改观。中国社会科学院组建了一百支调研团队，动员了不少于 500 名科研人员的调研队伍，付出了不少于 3000 个工作日，用脚步、笔尖和镜头记录了百余个贫困村在近年来发生的巨大变化。

根据规划，每个贫困村子课题组不仅要为总课题组提供数据，还要撰写和出版村庄调研报告，这就是呈现在读者面前的"精准扶贫精准脱贫百村调研丛书"。为了达到了解国情的基本目的，总课题组拟定了调研提纲和问卷，要求各村调研都要执行基本的"规定动作"和因村而异的"自选动作"，了解和写出每个村的特色，写出脱贫路上的风采以及荆棘！对每部报告我们都组织了专家评审，由作者根据修改意见进行修改，直到达到出版要求。我们希望，这套丛书的出版能为脱贫攻坚大业写下浓重的一笔。

中共十九大的胜利召开，确立习近平新时代中国特色社会主义思想作为各项工作的指导思想，宣告中国特色社会主义进入新时代，中央做出了社会主要矛盾转化的重大判断。从现在起到 2020 年，既是全面建成小康社会的决胜期，也是迈向第二个百年奋斗目标的历史交会期。在此期间，国家强调坚决打好防范化解重大风险、精准脱贫、污染防治三大攻坚战。2018 年春节前夕，习近平总书记到深度贫困的四川凉山地区考察，就打好精准脱贫攻坚战提出八条要求，并通过脱贫攻坚三年行动计划加以推进。与此同时，为应对我国乡村发展不平衡不充分尤其突出的问题，国家适时启动了乡村振兴战略，要求到 2020 年乡村振兴取得重要进展，做好实施乡村振兴战略与打好精准脱贫攻坚战的有机衔接。通过调研，我们也发现，很多地方已经在实际工作中将脱贫攻坚与美丽乡村建设、城乡发展一体化结合在一起开展。可以预见，贫困地区的脱贫攻坚将不再只局限于贫困户脱贫，我们有充分的信心从贫困村发展看到乡村振兴的曙光和未来。

是为序！

李培林

全国人民代表大会社会建设委员会副主任委员

中国社会科学院副院长、学部委员

2018 年 10 月

前　言

　　消除贫困、改善民生、逐步实现共同富裕，是社会主义的本质要求，也是我国"十三五"时期的重要工作。"十三五"时期，是全面建成小康社会、实现第一个百年奋斗目标的决胜阶段，也是打赢脱贫攻坚战的决胜阶段。根据"十三五"规划及国务院关于"十三五"脱贫攻坚规划的通知，我国到 2020 年，要确保现行标准下农村贫困人口实现脱贫，贫困县全部摘帽，解决区域性整体贫困。

　　如何消除贫困，是各级政府面临的工作重点，也是难点。旅游扶贫是在农村地区开展新农村建设、发展经济和消除贫困的重要措施。近年来，我国在旅游扶贫领域开展了大量工作，基建、农业、旅游、扶贫等工作主管部委也制定了有利政策并投入了大量资金推动和促进乡村旅游和旅游扶贫工作的开展，并取得了一些成绩。旅游扶贫也逐渐成为农村地区开展扶贫工作的主要措施之一。

　　旅游扶贫需要结合当地的旅游资源、文化资源以及社会经济发展水平进行统筹规划，有序推进。这就需要对开展旅游扶贫工作的地区，进行细致的背景调研，并结合当地或该区域的旅游、扶贫相关政策，制定工作方案。本书以河北省涞源县白石口村为调研对象，该村位于世界地质公园白石山脚下，在中国十大贫困县之一的涞源县境内，距离北京160余公里，距离天津210余公里，自然风光优美，生态环境良好。白石山景区给白石口村旅游发展带来机遇。依托白石山景区的开发，白石口村村民逐步摘下贫困的"帽子"。本次调研采用问卷调查、参与式观察调查、快速农村评估法（RRA）、深度访谈、查阅村情历史资料等调查方法，进村入户，客观地反映白石口村农村经济和农民生活的现状与动态变化。具体调研内容有：河北省精准扶贫和旅游发展大背景，涞源县精准扶贫和旅游发展总体状况，白石口村精准扶贫总体状况；白石口村及白石山景区的状况；白石口村精准扶贫状况；村民家庭旅游状况及村民对旅游扶贫的态度；白石口村旅游扶贫路径；等等。通过整理调研数据，分析了该村贫困人口的致贫原因，并结合旅游扶贫的相关鼓励政策，提出白石口村旅游扶贫工作建议，为该村深入开展旅游扶贫工作提供参考。

目 录

第一章

导　论

第一节　课题来源

　　十八大以来，习近平总书记从人民利益和幸福出发，提出了"精准扶贫"的战略思想，并要求：扶贫要实事求是，因地制宜；要精准扶贫，切忌喊口号。十九大报告又提出要续写脱贫攻坚、有效扶贫的新篇章。中国社会科学院国情调研项目（村庄研究系列）旨在通过进村入户开展全面而深入的调查，了解人民的生活环境和生存状态，了解当前村庄经济社会发展的现状。本课题从旅游扶贫的视角，结合旅游扶贫的相关理论和政策，对河北省涞源县白石口村进行了调研，调研内容包括：白石口村概况及精准扶贫状况，村民家庭旅游开展状况及对旅游扶贫的态度，白石口村旅游扶贫路径等。在对村庄进行实地调研之后整理并得出相关结论，为该村及类似地区发展提供参考。

第二节　调研背景

扶贫问题一直是国家乃至世界关注的热点问题，国家旅游局（现文化和旅游部）2017 年 9 月确定了旅游扶贫行动方案，计划对深度贫困地区进行人才、金融、创业等多方面的专项扶持，每年支持旅游扶贫项目将不少于 1000 个，资金不少于 3000 亿元。旅游扶贫的重点在农村，我国 80% 以上的贫困人口集中在农村。许多农村贫困地区的旅游资源非常丰富，而且大多未经过开发，保持了较高的原真性，符合现今生态旅游发展的趋势。在旅游大发展的时代背景下，乡村原生态旅游资源如果能得到充分利用，必将释放巨大红利。绿水青山就是金山银山，旅游产业作为朝阳产业，正日渐成为扶贫脱贫的重要支柱和建设美丽中国的助推器，旅游扶贫的大画卷正在徐徐展开。

本课题所选择的案例白石口村属河北省保定市涞源县白石山镇，位于世界地质公园白石山脚下，青山绿水环绕，环境优美。涞源县是国家十大深度贫困县之一，仅白石口村就有贫困户 255 户，合计约有贫困人口 900 人。

2015 年白石口村被国家旅游局确定为全国乡村旅游扶贫重点村，被确定为河北省首届旅游发展大会的主要承接地。

白石口全村共有 375 户 1261 人，其中劳动力 581 人，农民 70% 的收入来源于旅游业（主要是经营农家院），30% 的收入来源于种植业，2016 年人均纯收入 3600 元。村庄常用耕地面积 671 亩（约 447333 平方米），山场面积 30000 亩（约 20 平方千米），河流面积 1100 亩（约 733333 平方米）。主要农作物有：玉米（占全部耕地的 70%，亩产为 350 公斤），谷物杂粮（占全部耕地的 20%，亩产 110 公斤）。全村主要使用自来水，河道、水渠长度共计 6000 米；通村水泥路 1 条，全长 1 公里；村内街道主要是水泥路，全长 6000 米；学校 2 所，均为学前班，共有 2 名教师，学生人数不固定。

随着白石山 5A 级景区日趋成熟，白石口村旅游业发展迎来良好机遇，目前旅游业已成为村内主导产业。截至 2017 年 4 月，全村共有农家院 74 户，床位 2009 张，总投资 6854 万元。2017 年涞源县开展脱贫攻坚精准识别、精准帮扶、精准退出"回头看"工作。按县扶贫办安排，白石口村驻村工作队——县公安局治安大队和镇、村干部共同入户识别，到 2017 年 8 月底，识别工作已完成。全村共有一般贫困户 3 户 6 人，两户因病，一户因学；低保户 6 户 10 人，全部因病；五保户 7 户 7 人，均为 60 周岁以上、无劳动能力、生活困难者；一级残疾人 2 人，已申请纳入低保。课题组基于实地调研，探讨白石口村依托旅游产业实现扶贫、脱贫的路径及可能的成效，具有一定的典型性。

第三节 调研必要性及价值

一 调研必要性

中国社会科学院国情调研项目通过调查全面翔实地掌握经济社会运行状况，推动研究不断深入，以更好地发挥政府智囊团作用。"精准扶贫精准脱贫百村调研"是在国情调研项目总体框架下展开的特大国情调研项目，服务中央精准脱贫大局，为进一步地精准脱贫提供经验和政策借鉴。

反贫困、促扶贫是世界难题、千年挑战。联合国 2015 年后发展议程提出，到 2030 年将全球每天生活费不足 1.25 美元的贫困人口降至零。党的十八届五中全会强调，到 2020 年要实现在现行标准下的 7000 多万农村贫困人口全部脱贫，贫困县全部摘帽。在众多的扶贫手段和形式中，旅游扶贫以其强大的市场优势、新兴产业的活力、强劲的造血功能、巨大的带动作用，在我国扶贫开发中发挥着日益重要的作用。本课题组对案例村的调研分析既可以深入了解贫困地区人民的生活状态，又能对国家扶贫政策的落实情况和国家扶贫政策对人民生活的影响进行客观评价，还可以找到案例村贫困的具体原因，因地制宜的构建扶贫机制，找到适合白石口村的脱贫方法及路径，为其他乡村旅游扶贫的调查研究提供样本和方法，为实施国家扶贫计划、实现乡村脱贫致富提供有益的实践依据和理论借鉴。

本课题所调研的白石口村总户数为 375 户，其中贫困户有 255 户，贫困人口约 900 人，大多数为缺少劳动力而导致贫困的，也有小部分是求学而导致的；建档立卡贫困户 13 户，低保户 1 户，五保户 9 户；全村耕地面积 671 亩（约 447333 平方米），但是有效灌溉面积却为 0；村内农民年人均纯收入 3600 元；只有一条宽度为 3~4 米的道路通往村里，但是经过近几年国家的扶贫政策的实施和对白石口村的补助，村内的基础设施建设等都在逐步地完善。2015年 7 月国家旅游局和国务院扶贫办提出，到 2020 年引导和支持贫困地区发展旅游，使约 1200 万贫困人口实现脱贫，脱贫人口约占全国 7017 万贫困人口的 17%。目前全国众多的贫困乡村通过开发本地旅游资源、改善本地旅游设施、提升乡村旅游接待服务水平、发展乡村旅游来脱贫致富。本课题研究还将为其他地区旅游扶贫项目的实施提供经验、奠定基础，只有清楚地认识到不同地区有不同的问题和优势条件，才能因地制宜，有针对性地进行旅游扶贫。

二 调研价值

（1）白石口村是位于我国燕山 - 太行山连片贫困区的一个行政村落。对其扶贫路径、方式的研究对我国东部贫困地区乃至全国欠发达农村地区经济发展具有借鉴意义。

（2）白石口村距离北京 160 余公里，距离天津 210 余公里。如何利用京津冀一体化发展机遇？如何借助自身乡村旅游特色资源禀赋等进行旅游产业开发并实现扶贫、脱贫？对这两个问题的回答将为京津冀地区远郊乡村旅游扶贫的发展积累经验。

（3）进村入户，用多种农村社会调查方法获得相关数据，通过数据分析，多方面、客观地反映农村贫困人口的现状和动态变化，为其他村落的旅游扶贫研究起到示范作用，现实性强。

（4）乡村旅游开发，不仅对实施精准扶贫、脱贫具有重要意义，还对于促进留守人口就业、吸引外出务工人员返乡创业、改善乡村居住环境和提升公共服务水平等具有积极意义。课题组将深入探讨乡村旅游开发对扶贫脱贫、就地城镇化，以及乡村生态文明建设的意义，总结和提出旅游扶贫创新发展的思路和方式。

第四节　调研思路、方法及内容结构

一　调研思路

课题组主要依托中国社会科学院国情调研项目（村庄调查）的行政村调查表和行政村入户调查表，并根据此次调查的主题"河北省白石口村旅游扶贫路径研究"拟定了《百村调研入户基本信息》《旅游产业扶贫调研》《农户能源消费情况》等入户调研表开展调查。

2016年11月，课题组填写了中国社会科学院国情调研重大项目申报书，并启动了调研。调研总共分为三个阶段，回收问卷60份。第一阶段2017年1月至2017年6月，课题组开展文献调研，包括村落基本特征、土地情况、经济活动情况、基础设施与社会服务供给情况、金融与民间信贷情况、政治状况、文教情况、村财务情况、村公共事务情况、村社保情况以及可开发旅游资源环境情况等；第二阶段2017年9月至2017年10月，入驻白石口村进行实地入户调研，编写报告并开展补充调研，完成3万至4万字的课题报告初稿；最后一阶段2017年11月至2017年12月，编写总报告，形成课题最终报告和问卷统计信息。在具体实施方面，课题组于2017年9月21日与涞源县县政府对接，并与县政府办、扶贫办、旅游局、能源局同事座谈，收集资料，路观涞源县社会经济发展情况；下午与下北头乡、白石口村经济、扶贫、旅游、能源职能部门人员座谈，商讨入户调研方案并收集资料；9月22日至9月25日全天进行入户调研并填写调研表；9月26日结束调研返回北京进行数据的整理分析。

二 调研方法

课题组采取等距随机的系统抽样方法，从全部农户中抽取农户样本，每户选择一个农民（主要是户主）作为调查对象。调查内容根据课题研究内容设计，重点调查住户人口、经济、生活、享受惠农政策等基本情况，了解贫困户的贫困状况、致贫原因、贫困程度变化情况以及贫困户享受扶贫政策情况及效果。在对样本村进行抽样时，首先，将村内住户分为建档立卡贫困户和非贫困户，并将它们分别作为抽样框。其次，对这两组抽样框采取不同的抽样方法。对于建档立卡贫困户，以村建档立卡贫困户名单为依据，采取随机起点等距抽样；对于非贫困户，由于数量多和居住分散，按照自然村或村民组采取依据住户经济条件（好、中、差）的分层抽样。入户调查时采用调查问卷法、访谈法、参与式观察调查法、快速农村评估法。

1.等距随机抽样法

等距随机抽样是一种随机抽样，它是视白石口村全部农户为一个内部有一定排列顺序的整体，根据本课题30~40户的调研要求确定白石口村被调研户的抽选间隔，然后随机确定起点，每隔一定的间隔抽取一个农户进行调研的一种抽样方式。抽样第一步：将总体中的各单位按某一标志顺序排列，编上序号。抽样第二步：用总体单位数除以样本单位数求得抽样间隔，并在第一个抽样间隔内随机抽取一个单位作为样本单位。抽样第三步：按计算的抽样距离做等距抽样，抽取农户进行调研。

2.调查问卷法

调查问卷可分为结构式、开放式、半结构式三种基本类型。本课题采用的主要是结构式问卷和半结构式问卷（包括中国社会科学院国情调研项目统一制定的调查问卷和本课题组依据本课题的旅游扶贫主题制定的问卷）。另外，问卷分为自填问卷和访问问卷。自填问卷是由被访者自己填写的问卷。访问问卷是访问员采访被采访者，由访问员填答的问卷。入户调研员和入户被调研者一对一将问卷从前到后一一填写完毕。

3. 访谈法

本课题等距抽样进行家庭调研和村干部调研，主要访谈内容为有关本户旅游接待和参与旅游的收入情况及就业情况。访谈采用半结构性访谈。

4. 参与式观察调查法

课题组成员深入白石口村的生活中去，入户居住，实际观察和体验村民的全天生活生产和旅游接待相关活动。参与观察时，课题组成员可以身临其境，获得较多的内部信息。记录方式以记录文本、拍照为主，参与观察的方式以观察、交谈为主。采用这种方法主要目的是对现象发生的过程做直接的和详细的记录，以便对其有比较深入的理解。

5. 快速农村评估法（RRA）

快速农村评估是调查人员通过应用一系列的方法、工具、技巧，在很短的时间内，循序渐进地主动获取资料信息，提出假设，做出评价或得出结论以及不断了解新情况的过程。在本次调查过程中，主要是通过直接观察、指示物、建筑景观、地图、航片、各种简易的测量工具、利用关键信息提供人获取一些课题所需要的外部信息。

三 调研步骤

本课题研究主要分为室外调研部分和室内分析部分。室外调研具体步骤主要是按照从大到小、从广泛到具体层层深入地进行调研访问。按照隶属关系，课题组先从河北省入手，调查研究了河北省精准扶贫和旅游发展大背景；然后对涞源县精准扶贫和旅游发展总体状况进行了研究；在完成前两个步骤的基础上，最后对白石口村的精准扶贫和旅游发展总体状况进行了深入调研考察，如深入村民家庭进行访谈交流或发放并收回问卷等。室内分析具体步骤为：对野外一手资料的整理和对数据的处理，白石口村旅游资源分析，白石口村被调查家庭基本情况分析，村民对旅游发展的认识和态度分析，白石口村村民家庭旅游开展状况分析，白石口村旅游扶贫相关问题分析，白石口村旅游发展路径研究。

具体研究思路框架见图1-1。

四 调研实施可行性

课题组前期参与过中国社会科学院国情调研项目、地方"十三五"规划项目，具有乡村调研的工作经验。项目组组长和成员都长期关注国家扶贫相关政策和措

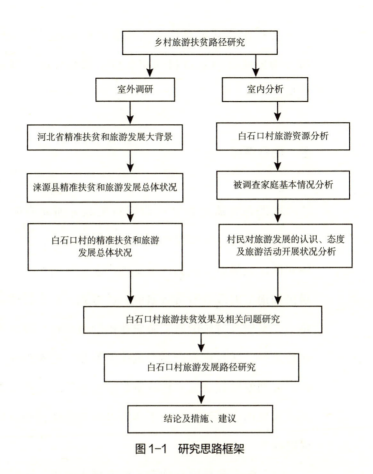

图1-1 研究思路框架

施，长期积累扶贫相关资料，这为本次调研奠定了基础。部分项目组成员参与过北京市传统村落提升规划研究、河北野三坡相关旅游村落的发展演化研究等相关课题，有较丰富的旅游村落研究经验和京津冀与燕山－太行山贫困带旅游扶贫研究的视野。本课题所调研的河北省涞源县白石口村的旅游发展被地方高度重视，白石口村被国家旅游局定为全国旅游扶贫村，近年来旅游发展较快。课题组通过整理之前的一些研究成果，已经具备前期工作基础。在调研方面，可以继续与之前的课题调研的合作伙伴开展合作，当地友人也表达了在今后的调研中帮助联络白石口村的相关村干部和村民开展调研的意愿。

五　内容结构

本课题将旅游扶贫的研究对象定为河北省的白石口村。旅游扶贫，是开发贫困地区的旅游资源，兴办旅游经济实体，使旅游业成为区域支柱产业，从而实现贫困地区居民和地方财政双脱贫致富的一种方式。在乡村振兴的战略中，发展乡村旅游是实施农业供给侧结构性改革的重要途径之一，通过把农产品变成旅游商品、把农村变成旅游区，带动农民致富是乡村旅游的核心目的，也是实现乡村振兴发展的重要抓手。关于白石口村旅游扶贫的具体调研内容如下。

（1）河北省精准扶贫和旅游发展大背景，包括河北省精准扶贫和旅游发展现状。

（2）涞源县精准扶贫和旅游发展总体状况，包括涞源县概况、涞源县精准扶贫现状及规划、涞源县旅游发展状况。

（3）白石口村精准扶贫总体状况，包括白石口村概况和精准扶贫状况。

（4）白石口村及白石山景区的旅游发展总体状况，包括白石山景区建设情况、白石口村旅游发展历程和发展现状、白石山景区与白石口村的旅游协同发展情况。

（5）白石口村被调查家庭基本情况，包括家庭成员情况、家庭资源利用情况及生活状况。

（6）白石口村被调查家庭旅游开展状况，包括旅游就业种类、旅游收入情况、旅游带来家庭各方面的变化、旅游发展障碍、未从事旅游业的原因等。

第二章

旅游扶贫相关理论

第一节　扶贫、旅游扶贫定义

一　扶贫的定义和特点

1. 扶贫的定义

扶贫是政府保护贫困户的合法权益,减轻贫困户负担,帮助贫困地区加大人才开发力度、完善农民工市场、改善临时工基本待遇、建立发展工农业企业、促进生产、摆脱贫困的一种社会工作,扶贫是对贫困农村制定规划、实施政策,旨在扶助贫困户或贫困地区发展生产,改变穷困面貌。[1]

2.扶贫的基本内容与特点

第一，有近期、远期的规划和明确的目标，并有为满足规划要求而制订的具体计划、步骤和措施。把治标和治本有机地结合起来，以治本为主。第二，不仅帮助贫困户通过发展生产解决生活困难，还帮助贫困地区开发经济，从根本上摆脱贫困，走勤劳致富的道路。第三，把政府各有关部门和社会各方面的力量，全面调动起来，互相配合，共同为贫困户和贫困地区提供有效的帮助。

3.扶贫经历的阶段

扶贫主要经历了三个阶段。阶段一：多种形式的生产自救阶段。中华人民共和国建立后，政府贯彻生产自救方针，采取发放救济款资助生产和"以工代赈"等措施，取得了显著成效，对改变农村面貌、保障贫困户生活起到了一定的作用。阶段二：个案型的扶贫阶段。1978年以后，为适应农村经济体制改革的形势，政府有组织、有计划地扶持贫困户从发展生产和商品经济入手，依靠国家、集体力量和群众互助，采取干部分工负责、富裕户扶助贫困户、逐户落实等办法，帮助贫困户发挥自身潜能，达到摆脱贫困的目的。阶段三：社区型的以经济开发为主的扶贫阶段。1983年起，国家在继续扶持贫困户发展生产的同时，投入更大力量对贫困地区实行经济开发。在政府的领导和帮助下，各有关部门、机关、团体积极配合支持，帮助贫困地

---

① 黄颂文：《21世纪初西部民族地区农村反贫困法制保障研究》，中央民族大学博士学位论文，2005。

区发挥当地优势，挖掘资源潜力，开辟生产门路，实行多种经营，增强自我发展能力，从根本上摆脱贫困，逐步走上致富道路。这是社会主义初级阶段的一项重要战略措施。

4. 扶贫的标准

当今世界多数国家是以人们的收入状况来确定贫困线的。中国的贫困线主要以是否达到温饱为标准来确定。根据国家统计局规定，1985年农民的消费水平，年人均收入在150元以下者为贫困型。中国目前贫困线以2011年2300元不变价为基准，此基准可能不定期调整。2015年为2800元，2016年贫困线约为3000元。贫困线内的扶贫对象分为两类。第一类，集中连片贫困地区。全国有18个集中连片贫困地区，包括革命老区根据地、少数民族地区和边远山区。这类地区生活条件差，生产力发展缓慢，经济、文化落后，部分农民温饱问题尚未完全解决。第二类，零星的贫困县和贫困户。造成贫困的原因主要是人口多、劳力少，或家底薄，缺少基本生产和生活资料。2011年确定的贫困标准，农民年人均纯收入低于2300元，这比2010年1274元的贫困标准提高了80%。① 按2011年提高后的贫困标准（农村居民家庭人均纯收入2300元/年），中国还有8200万贫困人口，占农村总人口的13%，占全国总人口的近1/10。经过此次大幅上调，中国国家扶贫标准线与世界银行的名义国际贫困标准线的距离为史上最近。国际贫困标准（国际赤贫标准）为一人一天1.9美元。

---

① 《扶贫标准上调至2300元》，人民网，2013年5月20日，http://politics.people.com.cn/GB/1026/16437873.html。

二 旅游扶贫定义

1. 旅游扶贫定义

在我国，学术界对旅游扶贫有明确的定义，即开发贫困地区丰富的旅游资源、兴办旅游经济实体，使旅游业成为区域支柱产业，实现贫困地区居民和地方财政双脱贫致富。旅游扶贫是近年来新出现的一种扶贫形式。[①] 旅游市场需求的日益增长，尤其是生态旅游的兴起，为落后山区旅游资源的开发和山区人民的脱贫致富带来了新的契机，旅游扶贫正是在这种形势下应运而生的。

2. 旅游扶贫的作用

随着旅游业的发展带来的国内财产的移动和再分配，旅游业实现了财富从发达地区向不发达地区的转移，发展旅游业的地区的很多人可从旅游的直接收入中得到益处。1991年贵州省创造性地提出了"旅游扶贫"的理念，几年来取得了一些实际效果。一是旅游扶贫使景区周围农民普遍脱贫致富；二是旅游扶贫活跃了农村经济；三是旅游扶贫给县域经济注入了新的活力，带动了其他产业迅速发展。据不完全统计，全国通过旅游开发而脱贫致富的人口在300万人以上，旅游业在脱贫致富中发挥了突出作用。当前，我国旅游扶贫开发的热潮方兴未艾。国务院9号文件充分肯定了旅游业的扶贫功能，明确提出要规划建设一批旅游扶贫试验区。2000年，国家旅游局在国务院扶贫办的大力支持下，在有中国"贫困

[①] 林红:《对"旅游扶贫"论的思考——兼议西部旅游开发》,《北京第二外国语学院学报》2000年第5期,第49~53页。

之冠"之称的宁夏西海固地区设立了第一个国家级旅游扶贫试验区——六盘山旅游扶贫试验区。随后，一批国定、省定旅游扶贫试验区相继成立，许多贫困县甚至乡村也充分利用本地方独特的旅游资源搞起了旅游业。目前，在我国中西部地区的不少地方，如云南、新疆、四川、贵州、西藏、湖南、湖北、河南、陕西、山西等地，已经开发了一大批旅游资源，使旅游业在促进地方经济发展中发挥了重要作用。

3. 旅游扶贫产生重大作用的原因

旅游能够在扶贫方面起到非常重要的作用，是由旅游业自身的一些规律和特点决定的。这么多年来，旅游的发展形成了四个转化效应：一是旅游可以把现存的无效资料转化为有效的资源；二是旅游可以把有效的资源转化为有高附加值的产品；三是旅游可以把旅游产品转化为市场的有效需求；四是旅游可以把有效的市场需求转化为社会各方面的经营效益。首先，从本质上来说扶贫扶的是优。所谓优，就是要研究各地的比较优势，把比较优势挖掘出来，旅游扶贫就到位了。贫困地区有很多优势，比如资源优势、环境优势、风土人情优势、矿产优势等，旅游资源的优势确实是多数贫困地区非常突出的优势。要想将这些优势转化为可以带领贫困地区脱贫致富的途径确实该有一番研究，贫困地区不能只是"靠山吃山，靠海吃海"，还需依托客源和市场，所以旅游扶贫扶的就是这个优，它不是一个简单的扶贫，只有通过扶把比较优势充分挖掘出来、在市场上体现出来，旅游扶贫才能到位。其次，旅游扶贫可以说是一种产业性的扶贫，因为它是通过一个产业的发展来实现脱贫致富的，其中的关键是通过培育产业来创造机会，现在世界上突出扶贫的三大战略中摆在首位的就是创造机会。有了机会，就有了开发性扶贫的根本，有了机会也就能够在市场上逐步体现出优势。要为创造机会就需要研究全方位扶贫。旅游扶贫虽然是产业性扶贫，但同样是一个全方位的扶贫。[①]

第二节　旅游扶贫相关理论

随着旅游业的日渐成熟，旅游已经成为带动地方经济发展、增加就业岗位的重要方式，因此也成为扶贫的重要手段。精准扶贫是大势所趋，旅游扶贫是我国最为重要的扶贫形式之一，如何在旅游扶贫领域践行精准扶贫理念，是目前亟待破解的难题。旅游扶贫作为一种新兴且有力的扶贫方式有着很多的理论支撑，如涓滴理论、增长收益再分配理论、目标瞄准型减贫理论、旅游乘数理论等。下面对这些理论做具体的阐释。

一　涓滴理论

在市场机制的调节下，经济增长的收益会自动地、逐

---

① 魏小安:《旅游扶贫：认识、措施与发展》，2009 年 1 月 22 日，http://weixiaoan. blog.sohu.com/109008552.html。

渐地流向低收入阶层。经济增长能够创造更多的就业机会，提供更好的经济环境，能使更多的失业人口就业并提高他们的收入水平。经济增长会使社会福利水平提高，政府可以通过各种转移支付如失业救济、补贴等把经济增长的收益分配给人民群众，使增长的效益像涓涓细流逐渐流向低收入阶层，逐渐解决发展中国家普遍存在的失业、收入不均和贫困三大问题。在 20 世纪 50 年代，涓滴理论普遍被各发展中国家接受，各发展中国家追逐 GDP（而不是人均 GDP）的简单增长成为一种潮流，很少专门考虑如何让穷人从 GDP 的增长中受益的问题。涓滴理论为增长优先的发展战略提供了理论基础。

然而，许多采取增长优先战略的国家最终发现，涓滴效应有很大的局限性，经济增长的效益不但没有自动地传递到低收入人口中，反而富者越富，穷者越穷，贫富差距越来越大。同时，与人民利益密切相关的社会发展领域如国民教育、就业保障、社会福利、医疗卫生、文化建设等方面被当作所谓"经济增长的代价"而被牺牲掉，从而导致了一种"有增长无发展"的结果。

二 增长收益再分配理论

20 世纪 80 年代以后，一些国际机构和众多的非政府组织开始反思涓滴式发展战略的成败，认识到依靠经济增长来减缓贫困的想法是行不通的。一些围绕"增长收益的再分配"的新思路开始被提出来。

1. 基本需求（basic needs）的概念

基本需求是国际劳工组织（ILO）针对涓滴理论的缺陷提出的一种弥补性措施。在不断追求 GDP 增长的同时，政府应该拿出一些增长的收益来照顾低收入人群每日的最基本的生存需求，如吃饭穿衣的需求。比如通过国家补贴，保持规定品种的粮食和衣料的低价格，使低收入人口也能达到低水平的吃饱穿暖。这种理论照顾了低收入人口的消费型基本需求，忽视了穷人的生产性需求和能力建设要求。穷人被看成增长成果的被动受益者，而不是潜在的贡献者。

2. 高质量增长（high-quality growth）的概念

1989 年，国际货币基金组织（IMF）提出了高质量增长的概念，认为发展与增长应该关注社会公正，关注低收入群体和弱势人群，应该与环境保护相协调。

3. 减少贫困增长（poverty-reducing growth）的概念

1990 年，世界银行在《世界发展报告》中提出减少贫困增长的概念，强调健康的增长模式应该伴随贫困的减少而不是贫困的增加。世行提出了实现增长加扶贫的两条策略。一是通过广泛的经济增长为低收入人口创造有效的就业增收机会；二是改善教育、卫生和其他社会服务，使低收入人口享受增长带来的好处与机会，同时为社会弱势群体建立基本的社会保障。

三 目标瞄准型减贫理论

传统发展理论，把大量低收入人口简单地看成被动分享增长成果的人，担心扶贫消耗稀缺的发展资源。新增长模式认为，乡村穷人是发展的积极推动者，不是被动享受社会福利的人。应该致力于把贫困人口纳入发展与增长的过程。通过提高其生产能力，贫困人口也能为增长做贡献，但需要专门针对低收入人口的措施，如资源分配、适应的政策和机构框架。

具体来说，要认真听取穷人的意见，并向他们学习，发动他们主动参与项目设计到评估总结的全过程。瞄准他们的需求，更多的志愿者或 NGO，更少的走马观花的专家。宏观和微观政策上，直接向穷人或贫困地区提供脱贫所需的资源和服务，增强穷人的创收能力，并辅以必要的社会安全保障制度安排。通过增强农村和农业的发展力度、适当调整分配政策、改善政府管理、稳定物价（控制通货膨胀）、加强培训、引入参与式方法和下放权力等，帮助穷人加入发展过程中来，并从发展过程中受益。

这种战略的优点是能够在制度上保障减缓贫困的措施对穷人和贫困地区有利，需要注意的问题主要是如何确保提供的资源不会流失，如何降低监测和管理成本。据说按模型计算，在"有扶贫效果的增长战略"的指导下，只需保证 GDP 的年平均增长率 4.7% 就能实现 2015 年贫困人口减半的目标。

四　旅游乘数理论

"乘数"是经济学中的一个基本概念，乘数理论反映了现代经济的特点，鉴于旅游业综合性强和涉及面广的特点，旅游学术界在一些旅游经济学的著作中，往往对经济学的乘数理论加以修订和发展，形成旅游乘数理论，并以旅游乘数理论来说明旅游业兴旺百业发展的产业共联，即旅游业具有促进国民经济各部门倍数增长的优势。马西森和沃尔提出了旅游乘数概念的雏形，即"旅游乘数是这样一个数值，场初旅游消费和它相乘后能在一定时期内产生总收入效应"，这一定义在一定程度上揭示了旅游乘数的本质，但它将旅游乘数仅仅理解为旅游收入乘数，因而具有很强的片面性。李天元认为，"旅游乘数是用以测定单位旅游消费对旅游接待地区各种经济现象的影响程度的系数"[①]。这一定义则间接地说明了旅游乘数种类的非单一性及各个乘数值间的差异，西方学者弗莱彻（Fletcher）和斯尼正是以此为依据将旅游乘数区分为产出乘数、营业额或营业收入乘数、就业乘数、收入乘数、政府收入乘数和进口乘数六大类。

第三节　旅游扶贫相关政策

一　国家旅游扶贫政策

2016 年 12 月 26 日，国务院发布的《国务院关于印发

---

① 李天元:《旅游教育与旅游学》,《旅游学刊》1991 年第 1 期, 第 52~54 页。

"十三五"旅游业发展规划的通知》（国发〔2016〕70号）表示，"十三五"旅游业发展的主要目标是：旅游经济稳步增长。其中对于乡村旅游特别指出，坚持个性化、特色化、市场化发展方向，加大乡村旅游规划指导、市场推广和人才培训力度，促进乡村旅游健康发展；建立乡村旅游重点村名录，开展乡村旅游环境整治，推进"厕所革命"向乡村旅游延伸；实施乡村旅游后备箱行动，推动农副土特产品通过旅游渠道销售，增加农民收入；实施乡村旅游创客行动计划，支持旅游志愿者、艺术和科技工作者驻村帮扶、创业就业，推出一批乡村旅游创客基地和以乡情教育为特色的研学旅行示范基地；创新乡村旅游组织方式，推广乡村旅游合作社模式，使亿万农民通过乡村旅游受益。

2016年12月14日，国家发展改革委联合国家旅游局发布《关于实施旅游休闲重大工程的通知》。通知指出积极推动乡村旅游和旅游扶贫；支持乡村旅游重点村的步行道、停车场、厕所、供水供电、应急救援、旅游标识标牌、综合环境整治等旅游基础设施和公共服务设施建设，以满足基本的旅游接待条件；开展重点旅游扶贫工程；建设乡村旅游富民工程重点村的道路、步行道、停车场、厕所、农副土特产销售中心、供水供电设施、垃圾污水处理设施、消防设施以及进行环境整治等。

2016年12月，国家旅游局、农业部联合印发了《关于组织开展国家现代农业庄园创建工作的通知》，决定在全国国有农场范围内组织开展国家现代农业庄园创建工作，计划到2020年建成100个国家现代农业庄园。通知明确提出，国家现代农业庄园应突出旅游功能；应具有优质的、可供休闲度假的特色自然或人文资源，旅游项目主题鲜明、特色突出、类型丰富；住宿餐饮、休闲娱乐、农事体验、产品展示、文化展览等基本功能齐全，基础设施完善、先进实用，各种设施的安全与卫生符合相应的国家标准；具有较高的旅游承载能力，且无多发性不可规避的自然灾害，庄园的游客接待量不低于每年 40 万人次；而且优先考虑国家 3A 级（含）以上旅游景区。

国家发展改革委和国家旅游局发布《关于印发全国生态旅游发展规划（2016—2025 年）的通知》，要求促进生态旅游与文化旅游、乡村旅游等融合，形成各具特色的生态旅游线路品牌，打造旅游消费新热点，增强对沿线地区的辐射带动作用。重点建设乡村旅游富民工程：支持建设乡村旅游富民工程重点村的道路、步行道、停车场、厕所、农副土特产销售中心、供水供电设施、垃圾污水处理设施、消防设施以及进行环境整治等。对乡村旅游扶贫重点村的农家乐等，重点支持实施"三改一整"工程（即改厨、改厕、改房间、修整院落）项目。

2016 年 8 月 11 日，12 部门联合印发《关于印发乡村旅游扶贫工程行动方案的通知》，强调应该深入实施乡村旅游扶贫工程，充分发挥乡村旅游在精准扶贫、精准脱贫中的重要作用，要求各省区市旅游部门牵头，结合实际尽快制定推进落实行动方案的具体举措，确保各项任务落到实处，各有关部门要按照职责分工抓紧制定配套政策，营造良好环境。工作目标指出"十三五"期间，力争通过发展乡村旅游带动全国 25 个省（区、市）2.26 万个建档立卡贫困村、230 万贫困户、747 万贫困人口实现脱贫。

二 河北省级旅游扶贫政策及具体措施

习近平总书记指出："让贫困人口和贫困地区同全国一道进入全面小康社会是我们党的庄严承诺。"[①]"必须坚持充分发挥政府和社会两方面力量作用，构建专项扶贫、行业扶贫、社会扶贫互为补充的大扶贫格局，调动各方面积极性，引领市场、社会协同发力，形成全社会广泛参与脱贫攻坚格局。"[②] 党的十九大对坚决打赢脱贫攻坚战做出了战略部署，发起了总攻令。

河北省委、省政府为响应十九大号召，对全省脱贫攻坚工作进行了全面安排部署，提出了明确具体的要求。省委、省政府倡导积极参与脱贫攻坚是每一个旅游企事业单位应尽的社会责任，充分发挥旅游产业的综合带动效应，深入推进全省旅游产业扶贫，帮助贫困地区发展旅游、参与旅游，带动贫困人口脱贫致富。河北省旅游工作领导小组办公室印发了《2018 年至 2020 年河北省旅游产业扶贫工作行动方案》，提出到 2020 年底，通过发展旅游产业带动全省具有旅游资源和开发条件的贫困村全部脱贫出列，

[①] 《决胜全面建成小康社会 夺取新时代中国特色社会主义伟大胜利——在中国共产党第十九次全国代表大会上的报告》，新华网，2017 年 10 月 27 日，https://www.xinhuanet.com//2017-10/27/c_1121867529.html。
[②] 《在打好精准脱贫攻坚战座谈会上的讲话》，《习近平扶贫论述摘编》，中央文献出版社，2015。

5万贫困人口稳定增收。明确提出，按照"政府主导、市场运作、产业发展、群众为主"的开发方针，以持续扩大贫困地区旅游市场规模、助力贫困地区和贫困人口脱贫攻坚为目标，以10个深度贫困县、206个深度贫困村为重点，大力实施旅游产业扶贫开发工程，实现贫困地区共享旅游发展成果，助推全面建成小康社会和加快建设新时代经济强省、美丽河北。省委、省政府提出了如下政策措施。

1. 主动担当，做脱贫攻坚的积极参与者

脱贫攻坚使命光荣，任务艰巨，旅游业责无旁贷。全省旅游企事业单位要充分认识企业参与脱贫攻坚的重要意义，迅速行动起来，积极响应党中央号召，主动担当，积极投身到这份波澜壮阔的脱贫攻坚宏伟事业中，把参与旅游扶贫作为回馈社会的政治责任和善行义举。

2. 结对帮扶，做脱贫攻坚的有力践行者

目前，河北省脱贫攻坚已进入啃硬骨头、攻坚拔寨的冲刺期。全省旅游企事业单位要充分发挥自身独特优势，主动对接，结对帮扶贫困村。结合贫困村需求，采取安置就业、项目开发、输送客源、定点采购、技能培训、咨询服务、营销宣传等多种帮扶方式，建立利益联结机制，帮助贫困人口实现脱贫。

3. 求真务实，做脱贫攻坚的坚定推动者

脱贫攻坚不是一蹴而就的，需要坚持不懈，一步一个脚印，真抓实干。全省旅游企事业单位要带着真情实感，深入贫困一线，量力而行、尽力而为，帮助贫困群众解决最需要、最迫切的问题，有针对性地出资、出力、出智。

参与扶贫的企事业单位不分大小，从现在做起，从点滴小事做起，从帮扶一个贫困户、帮扶一个贫困村做起，切实做到"真扶贫、扶真贫"。

三　保定市级旅游扶贫政策及具体措施

近几年，随着国家和河北省乡村旅游进入快速发展阶段，深入实施乡村旅游扶贫工程，充分发挥乡村旅游在精准扶贫、精准脱贫中的作用日益重要。在保定市委、市政府的领导下，市旅发委以旅游业供给侧结构性改革为导向，将乡村旅游扶贫工程融入景区创建、特色小镇、搭建平台、旅发大会等大项任务中，摸索出了一条景美镇靓村新、产业集群聚集、群众就业脱贫的发展之路，具体的政策措施包括如下几个方面。

1. 高端谋划，创建一个景区带活一片市场

市旅发委严格对标《旅游景区质量等级评定标准》，把旅游扶贫作为创建 4A 级以上景区的"第一环节"进行重点打造，通过景区创建和乡村旅游发展带动农村经济发展，实现贫困群众通过旅游市场增加收入脱贫致富。

2. 以"镇"带村，打造一个特色小镇造福一方群众

通过"特色小镇 + 休闲农业 + 观光经济 + 群众就业"的方式，带动乡村旅游示范村周边的发展。2017 年，保定市出台了《保定市关于建设特色小镇的实施意见》（以下简称《意见》），这是新常态下加快全市旅游业供给侧结构性改革的战略举措，更是推进乡村旅游扶贫的有效路径。

市旅发委按照《意见》精神，积极指导各县（市、区）开展旅游类特色小镇建设，将百里峡艺术小镇、白石山温泉小镇、大茂山康养小镇等全市21个旅游类特色小镇，纳入全市3A级以上景区创建计划和管理范畴，统筹谋划脱贫攻坚与特色小镇建设，确保群众就业有保障、生活有改善、发展有前景。

3.搭建平台，共建共享推动富民强县

市旅发委紧紧围绕"旅游扶贫、富民富县"这一战略目标，积极搭建四大平台，为地方经济发展提供了有力支撑。一是搭建宣传营销平台。连续两年在京、津、晋、蒙、辽、鲁等7个省份11市举办"京畿胜境·醉美保定"旅游推介招商会，在省、市旅游产业博览会上，重推京西百渡、北岳恒山、京畿慢城等十大乡村旅游精品线路和涞水苟各庄村、涞源插箭岭村、阜平骆驼湾村等十大最美旅游村镇等优质资源。二是搭建人才培训平台。自2015年以来，主动通过邀请国家、河北省旅游界知名专家学者，采取集中培训、现场教学和观摩交流相结合的形式，免费培训全市乡村旅游管理者及从业人员1.6万人次以上，进一步提升乡村旅游从业人员服务理念。三是搭建品牌创建平台。通过"以奖代补"的形式，鼓励村集体、村民立足乡村资源优势，对照国家、省、市乡村旅游、金牌农家乐等创建标准，积极创建乡村旅游示范特色村、农家乐等乡村旅游品牌。目前，全市确定了16个旅游扶贫重点村和317家金牌农家乐。四是搭建市场运作平台。依托"国家旅游商品研发中心（保定）联合研发基地"和"保定旅游天猫旗舰店"平台，将阜平大枣、高碑店豆腐丝、涞源小米、唐县核桃、易县酸枣汁等近百种农副产品纳入全市旅游商品营销和管理范畴，统一包装设计、统一市场运作、统一跟踪服务，延长产业链，增加价值，推动县域经济构建新的增长极。

四 涞源县级的旅游扶贫政策及具体措施

绿水青山就是金山银山，涞源县以创建国家全域旅游示范区为契机，做大做强白石山景区，形成众星拱月的一核多元大景区发展格局。涞源县以景区带村、联动发展，将全域旅游与精准扶贫深度融合，实现了对100多个贫困村、1.04万贫困人口的全覆盖，闯出一条旅游扶贫新路子。

1. 龙头景区带动，增强扶贫能力

随着白石山景区先后被评为省级森林公园、国家地质公园、国家5A级旅游景区，其知名度越来越高，旅游人数呈井喷式增长，游客接待量由过去一年几万人次增长到现在每年近百万人次，年收入近1.5亿元。建一个景区，富一方经济。随着白石山景区做大做强，它的辐射带动能力也持续增强。到2018年，仅一个白石山景区，就能直接拉动当地3万人就业。据介绍，白石山景区与当地联动发展，景区内80%的员工来自周边村镇。白石山景区带动了当地贫困人口就近就业、增收致富，涞源县走出了一条旅游扶贫的新路子。

2. 拉长产业链条，做好扶贫文章

2016年9月，借首届省旅发大会东风，作为三个主会场之一，涞源县翻开了发展全域旅游、全季旅游的新篇章，由白石山观光旅游一枝独秀，逐步形成以白石山、仙人峪、空中草原3个景区为核心的旅游产业带，以点带面，辐射带动周边区域及景区道路沿线各村靠吃旅游饭脱贫。

为了弥补短板，打造冬游品牌，涞源县在做大做强夏季游的同时还瞄准了温泉康养、冰雪运动等冬季旅游项目，并积极引进战略投资者，实现由夏季游向全年游的转变。距白石山景区仅8公里的白石山温泉康养小镇，已成功举办了省第一届、省第二届国际冰雪节。与之毗邻的七山滑雪场，首期已完成投资3亿元，建成京西南规模最大的优质滑雪场。多个冰雪旅游项目的启动，开启了涞源县全季旅游的新篇章。

不断拉长旅游产业链条，实现第一、二、三产业融合发展，促使旅游扶贫这篇大文章做活做好。2017年，全县共接待游客192万人次，第三产业增加值占GDP的比重上升到48.7%，创造了10多亿元的社会效益，旅游业正成为富民强县的战略性支柱产业。

第四节　乡村旅游扶贫经典案例

一　崇义县旅游扶贫专项工作方案

为支持和鼓励贫困户通过参与旅游产业发展实现脱贫致

富，根据《赣州市旅游扶贫专项实施方案》和《崇义县推进精准扶贫工作扶持办法》，崇义县特地制定了具体实施方案。

（一）工作目标

在工作目标上，崇义县制定了近期和远期两个目标。近期工作目标（2015—2016年）：通过大力发展乡村旅游，扶持25户以上贫困户发展农家乐、农家采摘、农产品加工销售等旅游相关服务产业，为贫困人口提供200个以上直接就业机会，旅游扶贫涉及人口年人均纯收入达到6000元以上；建设3个以上旅游扶贫示范点，确保示范点内100%的贫困户在2016年底前实现脱贫目标，其中至少1个示范点达到省3A级以上乡村旅游示范点标准。远期目标（2017—2020年）：到2020年，扶持120户贫困户发展旅游及旅游相关产业，为贫困人口提供800个以上直接就业岗位，旅游扶贫涉及农村人口年人均纯收入达到1万元以上；建成10个以上旅游扶贫示范点，示范点内100%的贫困户实现脱贫目标，其中至少3个示范点完成省3A级以上乡村旅游示范点创建工作。

（二）旅游扶贫具体措施

在制定的两个目标基础上，崇义县实施了五项具体措施。

1. 抓好旅游扶贫示范点建设

旅游扶贫示范点由县旅发委和乡（镇）人民政府根据当地旅游资源、交通条件、群众发展意愿等因素共同筛选确定，报县精准扶贫工作领导小组办公室同意后组织建设。旅游扶贫示范点确定后，由县旅游局牵头组织编制《旅游扶贫示范点建设规划》，并组织实施。根据《旅游扶贫示范点建设规划》在示范点内实施的道路改造、公共环境整治、房屋立面改造、旅游配套设施建设等项目所需资金，从县产业扶贫资金中列支。旅游扶贫示范点内发展农家乐的贫困户，给予每户 2 万元实物补助，并由结对干部负责帮助其办理相关证照并进行全程跟踪指导；租用示范点内贫困户房屋发展农家乐的，每户给予 2 万元实物补助；示范点内发展农家乐的非贫困户，每户给予 1 万元实物补助。旅游扶贫示范点内贫困户发展其他旅游相关产业的，根据实际情况参照农家乐补助标准进行扶持；非贫困户不享受此项扶持政策。旅游扶贫示范点申报省 3A 级以上乡村旅游示范点的，所需申报费用由县精准扶贫办予以安排；申报成功后，参照赣州市奖励标准进行奖励。

2. 发挥旅游景区和旅游项目带动作用

为加快县内旅游景区建设步伐，做旺景区人气，积极创造更多的旅游就业机会，县内旅游景区在招录景区工作人员时，优先考虑景区内及周边符合条件的贫困户劳动力。在符合旅游规划的前提下，优先批准建设可以吸纳贫困人口就业的乡村旅游项目，并按规定享受金融扶持政策。依托旅游景区发展农家乐的贫困户，给予每户 1 万元实物补助；连片发展 6 户农家乐的（其中贫困户不少于 3 户），相关农户可享受旅游扶贫示范点的扶持政策。对租赁贫困户房屋、田土、山林用于发展旅游项目的，待项目建成后，给予项目投资人一次性 3 年的租金补贴，租金补贴最高不超过 5 万元（已享受示范点扶持政策的农家乐除外）。

3. 大力发展特色旅游商品和旅游文化

对利用当地资源发展旅游食品、旅游手工艺品的贫困户，给予每户 1 万 ~2 万元的设备采购补贴。鼓励企业和个人采取"公司 + 农户（贫困户）"方式开办旅游商品制造加工企业，贫困户参与比例达到 30% 的企业，按贫困户从企业实际获取年工资的 20% 予以一次性补贴。对招用贫困户参与旅游景区民俗表演的，按每个贫困人口一次 50 元标准进行补贴。

4. 加强旅游就业技能培训

县旅游、劳动就业、职业中专等部门每年组织 2 次以上烹饪技术、酒店服务等旅游服务免费培训，贫困户可享受每人每天 60 元的食宿补贴。到县外正规培训机构接受旅游服务技能培训的贫困户，凭培训证明和发票可以报销不超过 1500 元的学习费用。乡（镇）、村根据产业发展需要聘请专家学者、民间艺人到现场进行授课的，经县精准扶贫办认定后给予适当补贴。

5. 加大宣传推介力度

县旅游部门优先将贫困户开办的农家乐的信息加入旅游折页、旅游网站进行宣传推介，优先将贫困户开办的农家乐纳入旅行社定点接待场所。支持贫困户通过网络开展营销活动，对开设网页并正常更新运行 1 年以上的，一次性给予 1500 元宣传补贴。县新闻媒体以宣传报道的方式对贫困户开办的农家乐及其他旅游企业定期进行宣传。

二 舒城县旅游扶贫工程实施方案

为深入贯彻落实中央、省、市关于扶贫攻坚的战略决策及《中共舒城县委舒城县人民政府关于坚决打赢脱贫攻坚战的决定》（舒发〔2016〕9号）和《中共舒城县委办公室舒城县人民政府办公室关于印发〈舒城县脱贫攻坚实施方案〉的通知》（舒办发〔2016〕1号）精神，大力实施乡村旅游扶贫工程，结合舒城县实际，提出了如下实施方案。

（一）总体要求

深入贯彻落实中央和省、市关于精准扶贫、精准脱贫的决策部署，坚持政府引导、科学规划、市场运作、农民主体、社会参与，以乡村旅游扶贫为重点，整合全县旅游资源和相关产业要素，实现乡村旅游与红色旅游、生态旅游、历史文化旅游等融合发展，积极探索扶贫开发与乡村旅游有机融合的新途径、新方式，支持贫困村和贫困群众开展乡村旅游创业就业，分享旅游发展红利，通过参与旅游经营、提供接待服务、出售土特产品、出租土地、入股分红等途径，实现稳定脱贫。

（二）重点工作

1. 加快正在建设的旅游项目建设，积极谋划旅游新项目

积极争取国家红色旅游发展专项资金1000万元用于新四军四支队旧址纪念馆升级改造；积极谋划争取毛主席

视察舒茶纪念馆升格为毛主席视察安徽纪念馆；大力争取国家重点旅游扶贫村资金支持（每年不少于 100 万元）。

2. 编制旅游扶贫规划

将贫困地区发展乡村旅游作为全县旅游"十三五"规划重要内容。科学编制《全县乡村旅游扶贫发展规划》，明确乡村旅游发展的思路、途径和措施。支持宜游贫困村编制乡村旅游扶贫规划，由县旅游局负责牵头，制定贫困村旅游扶贫项目规划设计及建设实施方案，完成贫困村旅游扶贫开发项目储备。

3. 加大旅游扶贫支持力度

统筹整合旅游发展资金，重点加强乡村旅游特色村的道路、电力、饮水、厕所、停车场、垃圾污水处理、网络通信等基础设施和公共服务设施建设。加大对乡村旅游项目规划、建设、经营的扶持力度，支持在农业生产基础上衍生的以农户为经营主体的乡村旅游区域开发模式，兑现税收、土地使用等方面优惠政策。加强资金引导和扶持，从 2016 年开始，省、市、县旅游发展专项资金将优先支持贫困村乡村旅游发展，对从事旅游产业的贫困户每户给予最高不超过 500 元的资金补助。

4. 发挥旅游扶贫示范带动作用

一是以优秀旅游乡镇为载体，重点培育一批市级旅游扶贫示范区。推进旅游扶贫集中连片开发，在旅游扶贫片区或乡镇着重开展"十个配套"工程建设。二是重点打造一批旅游扶贫示范村。优先支持区位优越、交通便利、旅游资源好、临近景区或园区、有鲜明特色、有发展基础的贫困村，按照个性化、特色化、差异化发展方向，开展村庄道路、饮水、用电、村容村貌、民居、厨房、餐厅、客房、厕所等基础设施建设，提升服务，大力推行"一村一景""一村一特色""一户一品"的旅游业态。三是重点推出一批精品休闲农业与乡村旅游线路。将桃溪现代农业产业园、舒茶生态农业休闲旅游示范园、鹏翔生态园等乡村旅游示范点，古月山庄、九龙湾生态园、成庆休闲农庄等农家乐示范点，万佛湖镇白鹿村、干汊河镇七门堰村、高峰乡东港村等乡村旅游示范村纳入全县旅游精品线路的节点，做重点推介。

5. 开发旅游产品

坚持乡村旅游个性化、特色化发展方向，推进乡村旅游与新型城镇化、美丽乡村建设和相关产业融合发展。选择乡村旅游资源丰富、特色鲜明、个性突出的万佛湖、晓天、桃溪、高峰等乡镇和春秋乡胜利村、干汊河镇洪宕村、高峰乡东港村等村，打造一批特色旅游名镇名村。加强第一、二、三产业融合发展，培育美丽乡村、森林人家、特色景观、休闲农业等乡村旅游新业态，努力从"农家乐"向"乡村生活""乡村休闲"转变，大力发展休闲度假、康体养生等体验性、参与性新型业态和赏花、采摘、摄影、民宿、晒秋、婚庆、研学、写生、户外等特色旅游产品。重点开发乡村农产品、乡村美食、乡村民宿等一系列产品。除此之外还有培育旅游电商品牌、加大旅游宣传力度、加强旅游人才培养、打造旅游精品线路、加强旅游行业管理等措施都促进了舒城县旅游扶贫的成功开展。

（三）保障措施

1. 建立健全工作机制

统筹解决乡村旅游发展和旅游扶贫工作中规划对接、用地保障、行政审批、资金整合使用等问题，形成上下联动、横向联合、协同推进的工作局面。

2. 积极推进改革创新

推进旅游扶贫的政策创新和试点示范工作。开展旅游资源资产化评估，探索贫困群众以旅游资源、扶贫资金入股参与旅游开发的发展模式。开通乡村旅游项目审批、经营许可绿色通道。

3. 强化政策保障

加强政府引导和支持，加大资金投入，整合涉农资金，切实解决基础设施滞后、公共服务不足、环境卫生差等问题，重点扶持贫困户发展乡村旅游，增加收入。完善用地政策，鼓励社会资本通过流转土地承包经营权等方式，从事与旅游业相关的种植业、林业、畜牧业和渔业生产等。

4. 开展评估考核

建立旅游扶贫观测点制度，在全县选取 3 个乡村旅游扶贫脱贫观测点，构建覆盖全县的监测网络体系，动态跟踪、评估旅游脱贫成效。将乡村旅游扶贫作为年终旅游发展和扶贫开发情况考核重要内容，加强督查考核。

三 "互联网＋三农"，美丽乡村欢乐多——合肥市三瓜公社

三瓜公社位于合肥合巢经济开发区，距离合肥市中心

约 50 公里，半径 150 公里，辐射人口近 2600 万人，是合肥旅游发展的重要节点。项目所在区域总面积 60 余平方公里，人口 5 万余人，山峦起伏，偏僻闭塞，农业生产以传统农业为主。三瓜公社结合美丽乡村建设，通过发展电商、乡村旅游，大力发展乡村经济。项目成立以来，当地村民经济收入节节攀升，村集体经济得到大力发展和稳步增长。2016 年 8 月，三瓜公社在第二届全国乡村旅游与旅游扶贫推进大会上，被评为"合作社 + 农户"旅游扶贫示范项目。

（一）具体举措

1. "合作社 + 农户"，唤醒农民致富情

项目落户前，村里闲置土地较多，且无人种植，造成土地资源浪费。三瓜公社首先成立了花生专业合作社、山里邻居食用菌专业合作社、山里人家养殖专业合作社、桃源瓜果专业合作社四大产业合作社。合作社打破传统的运作模式，将种植、养殖、生产、线上线下交易、物流等环节融为一体，使产品产量、价格得到提高，农民的积极性得到激发，参与度也更加高涨。

2. "互联网 + 三农"，激活乡村发展情

为了让农村更美好，三瓜公社以"把农村建设得更像农村"为建设理念，加大对村庄道路交通整改，埋设污水管线，做好绿化等环境整治工作，实现无线网络覆盖，使村容村貌焕然一新。为了让农业更合理，三瓜公社通过网络平台及线上线下融合，大力实施订单式农业，使土地利

用更科学，生产要素与市场对接更紧密，农产品附加值得到大幅度提高。为了让农民更富裕，三瓜公社致力于通过电子商务促进乡村经济可持续发展，通过农产品开发、产业基地建设，带动了当地村民脱贫致富，壮大了农村集体经济，给留守贫困户提供了大量的就业岗位。2015年农民专业合作经济组织成员均增收 3 万元以上，村级集体经济增长 34%。

3."乡村旅游 + 扶贫"，小康路上有激情

通过传统农业转型，传统农业与休闲旅游业有机融合。打造观光、体验和旅游农业带，形成四季四景。同时让村民参与景区建设、运营，旅游纪念品生产、加工各个环节。部分村民通过利用自己的房屋、土地等特色资源，参与到景区客栈、农家乐及主题农业带等配套产业中，三瓜公社的统一打造，使他们有更多的经济收入。

（二）成效及存在问题

1. 美丽乡村回来了

三瓜公社全力打造美丽乡村。通过整治，村庄道路畅通，环境整洁，青山绿水，村容村貌焕然一新。

2. 农民增收欢乐多

三瓜公社有效地使农民的闲置土地得以释放，使农民闲散时间得以利用，引导村民参与景区建设，在提高农民生产积极性的同时，又增加了农民的收入。通过美丽乡村建设的影响力，吸引了大批量的农民工返乡、大学生回乡，使村内再次朝气蓬勃。

3. 正视问题，持续推进

三瓜公社项目自成立以来，虽然在推动扶贫、致富方面发挥了积极的作用，但这与实现整体的脱贫致富、全面实现小康的目标还有一定距离。下一步，三瓜公社会保持合作社发展活力，使其不断发展壮大，加快美丽乡村建设，让农村变得更加美好，促进农民增收，早日实现脱贫致富。

第三章

河北省精准扶贫和旅游
发展背景

第一节 河北省精准扶贫现状

一 河北省精准扶贫政策

河北省目前有 62 个贫困县，其中 10 个深度贫困县，200 个深度贫困村，310 万贫困人口。为全面落实中共中央、国务院关于打赢脱贫攻坚战的决定，深入贯彻国务院七部委联合印发的《关于实施乡村旅游富民工程推进旅游扶贫工作的通知》（发改社会〔2014〕2344 号）精神，以及河北省委、省政府全面实施新农村建设五位一体行动计划要求，充分发挥旅游在扶贫工作中的积极作用，加快贫困地区脱贫致富步伐，结合河北省实际，以燕山、太行山、坝上、黑龙港流域和环首都地区贫困县为主体，坚持突出特色、因地制宜、社会参与、形成合力、重点推进、分批实施、整村推进、连片开发的原则，充分发挥旅游扶贫效率高、成本低、带动性强、覆盖面广、持续性强、返贫率低的特点，将扶贫攻坚、休闲农业与乡村旅游、美丽乡村、现代农业、山区综合开发相结合，推进第一、二、三产业融合发展，通过引导和支持贫困地区发展旅游，推动贫困地区增加农民就业、提高收入水平、提振自强意识、增强内生动力，使旅游业成为带动贫困地区经济社会发展的引擎产业。①

国家旅游局和国务院扶贫办在河北省张家口市召开第二届全国乡村旅游与旅游扶贫推进大会。会议强调充分发挥旅游在减贫困、惠民生、稳增长、调结构方面的重要作用，总结交流乡村旅游扶贫工作成果，部署落实乡村旅游扶贫工程行动方案，扎实推进旅游扶贫工作。

二　河北省旅游扶贫具体措施

为落实习近平总书记指示，河北省调整完善脱贫攻坚计划，全省脱贫攻坚完成时限为 2020 年，既不提前，也不延后，严防层层加码、数字脱贫；坚持因地制宜、分类施策，深入实施"五个一批"工程；突出重点、聚焦难点，对 10 个深度贫困县和 200 个深度贫困村，采取"五

---

① 《河北省关于推动旅游扶贫工作的实施意见全文》，河北新闻网，2016 年 1 月 21 日，http://hebei.hebnews.cn/2016-01/21/content_5297369.htm。

包一""三包一"等措施，集中力量打攻坚战、啃硬骨头。

1. 河北省依托贫困地区的旅游资源，实施景区带动扶贫计划

一是山区依托景区，开展景村共建工程。以70家3A级以上景区为重点，通过完善景区旅游配套设施，提高景区旅游价值，扩大影响力，增强吸引力，带动周边贫困村旅游经济的发展，增加旅游收入。到2020年，带动36个县的350个贫困村、5.9万户贫困户、20.6万贫困人口脱贫。二是进行乡村旅游休闲度假业态创新。面向京津市场，开发一批乡村旅游休闲度假社区、国家农业公园、休闲农场、休闲牧场、乡村营地、乡村公园、艺术村、文化创意农园、洋家乐、研学旅游基地等旅游新业态、新产品，策划旅游精品线路，打造京津休闲度假第二居所。到2020年，带动30个县的150个贫困村、2.7万户贫困户、9.4万贫困人口脱贫。三是实施乡村旅游创客行动，建设一批旅游创客基地，支持和组织引导旅游志愿者、艺术和科技工作者驻村帮扶，为乡村旅游发展提供智力支持。到2020年，打造500个旅游专业村，10000个旅游专业户。[1]

2. 旅游扶贫政策支持计划

"十三五"期间，河北省旅游发展专项资金将安排不少于1亿元，用于推进贫困村完善旅游要素功能、支持基础设施建设。加大对贫困村旅游项目推介力度，动员社会

---

[1]《河北省关于推动旅游扶贫工作的实施意见全文》，河北新闻网，2016年1月21日，2016年1月12日，http://hebei.hebnews.cn/2016-01/21/content_5297369.htm。

资本参与乡村旅游扶贫项目开发。

3. 旅游扶贫示范引领计划

创建一批旅游扶贫示范点，重点支持区位优越、交通便利、旅游资源好、临近景区或园区、有鲜明特色、有发展基础的贫困村，按照现代旅游消费特点发展个性化、特色化、差异化旅游业态，做到"一村一特色"。

4. 旅游商品带动脱贫

积极推动旅游停车场、旅游咨询服务中心、旅游后备箱基地和旅游商店建设，支持当地农副产品开发和家庭手工业发展，强化产业支撑。大力引导贫困群众发展土特产旅游经营，出售自家农副土特产品，通过商品销售获得收入实现脱贫。"十三五"期间，河北省每年规划帮扶100个贫困村开展旅游扶贫。到2020年，扶持62个县约500个贫困村、8.6万贫困户、30万贫困人口，通过直接参与旅游经营、提供接待服务、出售土特产品、获得土地租金、入股分红等途径脱贫致富。

5. 创新旅游扶贫机制，融入"互联网＋"等新理念

建设智慧旅游扶贫电商村，推出一批旅游商品及品牌。要将"互联网＋"理念全面融入旅游扶贫开发建设，支持互联网企业深度参与旅游扶贫宣传营销。与阿里巴巴、京东等电子商务企业合作，发挥省内"农交汇""八方联采"等大型涉农电商平台优势，优先支持有条件的旅游扶贫村建设旅游扶贫电商平台。

6. 旅游帮扶"双百双千"计划

制定百企千人帮扶百村千户行动计划具体方案，实行

"一对一"帮扶。建立旅游扶贫智库，指导旅游扶贫开发。搭建"村企共建"平台，指导和扶持村致富带头人创办企业、农民合作社，通过资产收益扶贫、基地带动、订单合同收购等方式，促进贫困村、贫困户增收脱贫。到 2020 年，实现乡村旅游扶贫志愿者、规划专家、旅游创客等达到 1000 人次，帮扶贫困户 2000 户。

7. 旅游扶贫专业培训计划

按照"培训一人、就业一人、脱贫一家"的思路，组织实施乡村旅游人力资源开发计划，分级分类对旅游扶贫村村干部、致富带头人、旅游经营户、从业人员进行培训，力争利用两年时间实现全覆盖，增强旅游扶贫持续发展后劲。到 2020 年，要对旅游扶贫示范村骨干带头人分批培训一次，所有旅游从业人员轮训一遍，全面增强旅游扶贫持续发展后劲。

第二节　河北省旅游发展现状

一　京津冀旅游发展现状

北京是首都，天津是最早的直辖市之一，河北是华北的大省，京、津、冀三个行政区在社会、经济、文化等各个方面有着天然、紧密的联系。而旅游业作为调节产业结构、整合资源、惠及民生的重要产业，在京津冀协同发展中起到了"黏合剂"的作用。[①]

2007 年三地共同签署《京、津、冀旅游合作协议》，由此区域旅游协作会议制度正式成立。同时，京、津、冀旅游相关部门也初步建立联动机制，完善安全救援机制，合力对区域旅游市场进行规范。以三地目前的旅游质监投诉电话为基础，开通三地旅游投诉处理热线电话。2012 年 5 月 18 日，京、津、冀三地共同签署了《京津冀旅游合作近期行动方案》和《京津冀旅游合作协议》。京、津、冀三地将工作重点放在推动京、津、冀旅游规划连接，联合宣传促销，加强旅游招商项目合作，建立市、省级旅游信誉信息系统，与旅游协调配套的投诉机制和旅游突发事件应急处理互动机制，建设统一的旅游公益服务热线 12301。

2014 年 8 月，京、津、冀三地旅游部门建立"京津冀旅游协同发展工作协调机制"，并成立京津冀旅游协同发展领导小组及办公室。2015 年 3 月 25 日，北京市旅游委组织召开京津冀旅游协同发展项目协调会，会议就重点合作项目进行调度，并研究了项目推进过程中的难点问题。

2014 年到 2017 年，共召开 6 次京津冀旅游协同发展工作会议，组织编制《京津冀旅游协同发展行动计划（2016—2018 年）》，在规划统筹、服务标准、资源集成、对外宣传、依法管理等方面形成合力。平谷区携手天津蓟州，河北兴

---

① 刘锋：《三大视角探析京津冀区域旅游合作》，《旅游学刊》2014 年第 10 期，第 15~16 页。

隆、遵化、三河，五区县共同打造"京东休闲旅游示范区"，北京市延庆区、密云区与张家口市、承德市联手打造"京北生态旅游圈"，借冬奥会契机激活以冰雪为主题的冬季旅游。

由京、津、冀三地分管旅游的市长或省长推进合作，建立京津冀区域旅游合作协调委员会，推进开展标准化、常态化工作，实现区域旅游合作"一盘棋"，每年轮流在三地召开由政府分管旅游的高层负责人参与的联席会议，力求解决关键问题。规划推动，邀请国家发展改革委员会牵头编制京津冀旅游产业发展规划，明确指导思想、发展目标、产业定位，京、津、冀三地共同推进，强制执行。

京津冀地区是我国旅游资源最丰富的地区之一，利用京津冀丰富的旅游资源，打造功能互补、特色突出、彼此融合的特色旅游，共同开发跨区域的旅游新产品，如长城文化风景道、运河风情旅游带、56条京津冀精品旅游路线等。与此同时，启动协同发展示范区，协同发展示范区在京津冀旅游协同发展上先行先试，形成带动效应。北京西站已开通旅游列车，列车贯通北京的"一到十八渡"，至河北境内的"百渡"区域，一直穿行整个景区到涞源。北京—承德、北京—北戴河、天津—山海关旅游直通车也相继开通。贯穿京、津、冀的"大好河山号""正定号"等旅游专列的开通，更拉近了三地的距离。

二 河北旅游发展现状

河北省地处华北平原，北依燕山，南望黄河，西靠太行，东临渤海，总面积 18.88 万平方公里，常住总人口 7519.52 万人，也是全国唯一兼有海滨、平原、湖泊、丘陵、山地、高原的省份，属温带大陆性季风气候。河北是中华民族的重要发祥地之一。悠久的历史孕育了河北绚丽多彩的旅游资源。

目前，河北开放的旅游景区有 600 多家。2016 年，河北省投入近 300 亿元，启动总面积为 6600 多平方公里、风景道长约 206 公里的"京西百渡休闲度假区"建设，将保定涞水、涞源、易县的野三坡、清西陵、白石山、狼牙山、易水湖 5 个品牌景区串联起来。涉及的 87 个旅游项目带动了太行山沿线 91 个村庄，6949 名贫困人口脱贫。2016 年，全省接待海内外游客 4.67 亿人次，实现旅游业总收入 4654.5 亿元，分别比 2015 年增长 25.5% 和 35.6%。然而，旅游景区整体规模小、分布散、规划建设水平低、重游率低、带动系数低、附加值低，出现"大资源、小产品"现象。

河北省政府印发了《河北省旅游业"十三五"发展规划》，首次将旅游业发展纳入省重点专项规划中。规划提出，到 2020 年，要实现全省接待国内外游客达到 8 亿人次，旅游总收入突破 1 万亿元，旅游业增加值占全省 GDP 的比重达到 10%，实现由旅游资源大省向旅游强省的跨越。

此外，河北省委、省政府决定，从 2016 年起每年举办一次全省旅游发展大会，大力推进承办地旅游业的跨越发展。

河北省旅游工作领导小组印发了关于促进旅游业改革发展的八个专项行动计划。一次性研究制定并印发旅游新业态新产品建设、乡村旅游提升与旅游精准扶贫、旅游基础设施全面提升、旅游品牌建设、旅游云数据平台建设、全域旅游示范区创建、旅游服务质量全面提升、旅游人才队伍建设八个专项行动计划。其中，提出的旅游新业态新产品建设行动计划，要求加快推进自驾游、康养游、乡村游、文创游、购物游、运动游、海洋游、工业游、研学游、低空游十大旅游新业态的建设。建成40家以上配套设施完善的自驾车房车营地；创建3家国家康养旅游示范基地和2个中医药健康旅游产业示范区；塑造3个以上在全国具有较高知名度的文化旅游品牌；建成10个购物旅游景区；建成30家高标准冰雪旅游景区；建成3个高标准游艇码头；创建1家国家级研学旅游目的地和2家国家级研学旅游示范基地。推进20个具有全国竞争力的核心引擎项目、111个具有较大影响力的支撑项目、1000个落地性强的重点项目建设，激发旅游产业新活力，推动全省旅游业转型升级。

河北优质的旅游资源和京津旅游市场有着天然的互补性，具备错位发展的巨大空间。对于活力较弱的河北，借政策，大力发展县域、镇域、村域旅游经济，在会议展览、文化创意、健康养老、商业消费、教育科研等方面开展对接合作，形成精品旅游城市引领下的专业化、特色化发展，形成一地一品、一业一品，全面承接京津游客。做活发展模式，借鉴华夏幸福基业的产业新城模式，利用京津冀的产业断崖在北京周边打造固安产业新城，配套产业设施，使固安连续六年的财政收入增幅居廊坊市之首。围绕河北的特色旅游资源，做活县域经济，促进就地城镇化，打造旅游产业新城，推进区域联动。[1]

河北强化旅游基础设施和公共服务建设，推进国道和省道改造升级，打造涞源县城至白石山、狼牙山至易水湖、紫荆关至百里峡、百里峡至白石山4条旅游风景廊道。

"十三五"期间，河北省将通过做大做强环首都休闲度假旅游圈、燕山－太行山山地休闲度假旅游带、沿渤海滨海休闲度假旅游带、坝上森林草原休闲旅游片区、现代乡村休闲旅游片区，实现构建"一圈两带两区"的旅游空间布局这一目标，形成山海相连、全域覆盖的旅游发展格局。建设京东休闲旅游示范区、京北生态冰雪旅游圈、京西南生态旅游带、京南休闲购物旅游区等，推动京津冀旅游资源空间整合，打造京津冀旅游合作新标杆。

① 李双成、王俊霞：《京津冀区域旅游业发展现状的统计分析》，《商》2016年第26期，第279~280页。

第四章

涞源县精准扶贫和
旅游发展总体状况

第一节 涞源县概况

涞源县隶属于河北省保定市，地处东经114°20′～115°05′，北纬39°01′～39°40′，位于太行山、燕山、恒山三山交会处，是拒马河、涞水、易水三河的发祥地。东邻涞水、易县，南接唐县、顺平、阜平，西界山西省灵丘县，北与河北蔚县相连，总面积2448平方公里，下辖17个乡镇，285个行政村。东北距北京160公里，东距天津210公里，东南距保定89公里，距山西大同市256公里。

截至2013年，涞源县总人口27万人，有农业人口20.7万人，有居住在城镇的人口11万人，城镇化率为40.5%。涞源县共有11个少数民族，少数民族人口共177

人，回族 93 人，满族 59 人，蒙古族、藏族、维吾尔族、苗族、彝族、壮族、布依族、朝鲜族、土家族、哈尼族、黎族均在 10 人以下。

涞源县属全山区县，境内群山起伏，沟谷纵横，海拔在 1000 米以上的山峰 78 座，在 1500 米以上的山峰 32 座，在 2000 米以上的山峰 5 座。尤其是位于县中南部的白石山，海拔 2096 米，最为雄伟壮观。涞源县整个地势西北高，东南低。涞源盆地，地处涞源县中心面积为 120 平方公里，海拔 808 米，最高处 902 米，整个盆地东南低，西北高。

涞源县属暖温带湿润季风气候区，山地气候特点显著。涞源县素有"京西夏都，生态凉城"之美誉，为省级重点风景名胜区。暑期平均气温仅 21.7℃，比承德避暑山庄低 2.6℃，比秦皇岛北戴河低 3.8℃，因此，涞源县号称"天然大空调"，被誉为"凉城"。涞源境内风景秀丽，拥有八大景区 218 个景点，其中白石山最具代表性，它拥有全国唯一的大理岩峰林地貌。涞源县是河北省环京津休闲旅游产业带 19 个重点县之一。[①]

早在晚清时期涞源县就已将"反清灭洋"大旗插上了白石山巅；抗日战争时期，在中国共产党的领导下，涞源人民为保家卫国，立下了汗马功劳，特别是在发生在涞源县的黄土岭战役中，日军中将阿部规秀被击毙，黄土岭战役成为中国抗日史中辉煌的战役之一；涞源县抗日小英雄王二小的献身故事已广为流传；加拿大国际友人白求恩大夫，为帮助中

---

① 李崴、杜楠华、卢丹丹：《华北地区旅游型村镇住居模式探讨——以保定涞源白石山景区为例》，《安徽农业科学》2015 年第 33 期，第 257~258 页。

国的抗日战争，不远万里来到中国并在涞源县以身殉职。

位于中华文化重要发祥地之一的河北的涞源县拥有丰富的文化遗址。拒马源中石器时代遗址，在拒马源北侧台地上（农业局北侧）。文化层包含物有打制石器、烧骨、烧果核、红褐色素面陶片、黑褐色素面陶片、陶支架、碳等。据测定这处遗址距今9000±100多年，这一时期属母系氏族公社的萌芽时期，人们还过着狩猎、采集生活。这一处遗址的发现，将人类的陶瓷史提前了2000年。仰韶文化遗址位于拒马河南岸。文化层包含物有石铲、红陶泥质磨光钵口沿、红陶夹砂划纹陶片、黑陶夹砂素面陶片等，这一处遗址，时间上属仰韶文化中期，距今约6000年，农业、家畜饲养、渔猎、制陶技术都已发达，婚姻已由"群婚"发展为"对偶婚"。商周时期，人口逐渐增多，居落遗址相应增多，面积及文化层堆积也较为丰富，已发现的遗址大多分布在拒马河及其支流沿岸，如下北头先商遗址、甲村商代遗址、三甲村商代遗址。三甲村商代遗址，即史载"纣王城"遗址。《河北通志稿》记："纣王城，在涞源县东十五里，清统志相传纣派比干筑，此中有比干庙，清畿辅通志、按山西通志名商王址存。"史载与出土文物相合，此处当属"纣王城"无异。

2016年，全县地区生产总值达到64.9亿元，总量比2011年增加近10亿元；固定资产投资达到80.2亿元，5年翻了一番半；社会消费品零售总额由9.9亿元增加至20亿元，年均增长15.1%；城乡居民可支配收入分别达到20820元、6101元，年均增长分别为9.3%、18.9%；受市场低迷与政策趋紧影响，规模以上工业增加值由 2013 年的 32.2 亿元下降至 2016 年的 21.2 亿元，降幅为 34.2%；财政收入出现断崖式下跌，由 2013 年的 14.92 亿元下降至 2016 年的 5.79 亿元（剔除土地收益不可比因素），降幅 61.2%。

第二节　涞源县精准扶贫现状及规划

一　涞源县精准扶贫现状

地处燕山－太行山连片特困地区的涞源由于交通闭塞、经济落后，是国家重点扶贫开发县。截至 2018 年 1 月 27 日 16 时，被全国扶贫开发信息系统纳入的涞源县贫困户数量为 17045 户，贫困人口为 34129 人。贫困人口包括一般贫困人口 19320 人，占比 56.61%；低保贫困人口 12760 人，占比 37.39%；五保贫困人口 2049 人，占比 6%。目前涞源县贫困发生率为 16.7%，比 2017 年底全国贫困发生率 3.1%（国家统计局 2018 年 2 月 1 日公布的统计数据）高出 13.6 个百分点。2017 年涞源县农村居民人均可支配收入 6863 元，比全国农村居民人均可支配收入低 6569 元。[1]

① 孙轶、范露：《涞源县贫困状况分析报告》，《统计与管理》2018 年第 2 期。

精准扶贫精准脱贫百村调研·白石口村卷

二　涞源县精准扶贫规划

为确保完成 2017 年脱贫任务，涞源县委、县政府聘请农大商学院许月明教授编制了《涞源县"十三五"脱贫攻坚规划》、《燕山－太行山片区（涞源县）"十三五"区域发展与扶贫攻坚规划》和《涞源县"十三五"整村推进规划》；借鉴井冈山和兰考经验，结合涞源实际，对全县脱贫攻坚总体方案进行修订完善，制定了产业扶贫、就业创业、易地搬迁、农村安居、基础设施、生态保护、社会保障、教育健康、土地整治等 10 个专项扶贫方案和 23 个深度贫困村脱贫攻坚方案，形成了"1+10+23"脱贫攻坚推进体系；对扶贫办领导班子及工作人员进行了充实调整。

脱贫攻坚成效显著。涞源县深入开展"扶贫开发攻坚年"活动，完成建档立卡"回头看"工作，大力实施精准扶贫攻坚"4321"工程，截至 2015 年，核桃种植面积达到 9 万亩，中草药种植面积达到 6 万亩，小杂粮种植面积达到 4 万亩，规模养殖场和蔬菜大棚发展到 67 家和 800 个，完成土地流转 5.8 万亩，农民专业合作社发展到 495 家，注册农产品商标 28 个，农业产业化率达到 36.1%；结合灾后重建安置和生态移民，移民搬迁 958 户 3051 人；5574 户 1.4 万人实现稳定脱贫，全县贫困人口减少到 5.03 万人。①

就农业而言，涞源县政府谋划并实施了"以工带农、以城带乡"的扶贫攻坚"双带"工程，确定了"育龙头、

---

① 邹明珠、刘金奇、刘艾嘉：《对保定市涞源县产业扶贫的调研分析》，《中小企业管理与科技》（下旬刊）2016 年第 9 期，第 84~85 页。

建基地、强特色、出品牌"的产业扶贫之路；专门聘请河北农业大学商学院专家组，编制完成了《涞源县扶贫开发规划（2012—2020 年）》《五大产业片区建设规划》等一系列规划，完善县、乡、村、户四级规划体系，做到上下联通、有效衔接。形成特色的绿色农业种植区、优质核桃片区、优质小杂粮片区、中草药片区、生态养殖片区"五大产业片区"。

就旅游而言，涞源县政府结合市场行情和涞源县实际，规划了白石山休闲旅游扶贫示范区，依托白石山景区及度假区建设，确定了以白石山为中心的"半月形"旅游扶贫示范区建设。示范区的核心区域由三部分组成，即"一带两区"。目前，涞源有机农庄已开工建设，并实际完成投资 3000 多万元。云谷文化风情园已与横店集团签订协议，规划设计基本完成。

就基础设施建设而言，涞源县政府规划建设重点镇 5 个，中心村 60 个。围绕"山水林田村、水电路讯房、科教文卫保"15 字要求，集中资金用于贫困村的基础设施改造。

就易地扶贫而言，涞源县政府合城市化建设、灾后重建、幸福乡村计划，对没有达到居住条件的乡村实行整体搬迁，同时，制定实施移民搬迁后续产业扶持规划，真正实现搬得出、留得住、能发展、可致富。2002 年开始涞源县捆绑使用扶贫资金、社会扶助资金，采用分自然村向主村搬迁、插花搬迁、建移民新村三种方式，从生存条件最恶劣的村庄开始，梯次实施移民搬迁工程。

就光伏扶贫而言，涞源县政府集中式光伏扶贫电站全部由企业投资，租用荒山荒坡未利用地进行项目建设，按照每30千瓦时对应一个贫困户，每户每年支付帮扶资金3000元的标准，持续帮扶20年，上述帮扶资金全部从电站收益中支出。

2017年涞源县《政府工作报告》指出：要全力开展产业扶贫。坚持搬迁片区与产业园区"两区同建"，在县城和白石山两个集中搬迁片区周边，各建设一个高标准扶贫产业园区，引进丰台、高碑店、白沟新城等地区的劳动密集型企业入驻经营，全力推进安国祁岭药业进驻建厂，形成10万亩的道地药材种植基地，吸纳贫困群众就近就业。深入实施农业供给侧结构性改革，打造北京周边有机绿色农副产品供应基地，培育品牌，提高农产品附加值，促进第一、二、三产业融合发展。扶持壮大现有产业，按照"产业明确到户、精准覆盖到人"的要求，强力推动白石山旅游片区，周村、张家村、龙门村食用菌种植基地，南屯和五十亩地"国家蔬菜标准园"，留家庄和南马庄"中草药种植示范园"，东团堡六旺川生态养殖等重点项目建设；调整种养结构，全县种植核桃10万亩、中草药10万亩、食用菌3000亩，规模养殖场达到200家，旅游农家院达到300家；大力开展"车间进农村"行动，增加家庭手工业项目分布点，扩大家庭手工业项目规模，手工加工企业达到160家以上，逐步形成"县有片区、乡有产业、村有项目、户有支撑"的扶贫产业发展格局。同时，抓好金融、电商和光伏扶贫，充分利用扶贫担保政策，探索金融扶贫新路子，切实发挥好扶贫担保公司的作用，全面采用"政银企户保"扶贫模式，撬动社会资本参与扶贫。

未来五年，要坚决打赢精准脱贫攻坚战，确保如期全面建成小康社会。坚持把脱贫攻坚作为首要的政治任务和最大的民生工程，以脱贫攻坚统揽经济社会发展全局、贯穿新一届政府工作始终，努力形成全党动员、全民发动、全社会参与的大扶贫格局。按照"六个精准""五个一批"要求，以"十三五"脱贫攻坚规划为引领，以产业扶贫为主攻方向，依托"五帮一"工作格局，主动对接北京丰台区，围绕农业供给侧结构性改革，重点发展食用菌、中药材、手工业、优质林果、设施蔬菜、光伏等产业，重点打造县城和白石山两个扶贫产业园区，集中在 50 个搬迁村周边布局手工业、光伏和现代农业，确保贫困群众能够搬得出、有事做、能致富。

第三节　涞源县旅游发展状况

2012 年以来的五年，涞源县深入实施"旅游立县"战略，成立白石山景区管委会和涞源县旅游发展委员会，引进中信产业基金战略合作者，累计投资近 10 亿元，玻璃栈道一举引爆白石山旅游。全面通过世界地质公园再评估，白石山景区成功晋升为国家 5A 级旅游景区，成为保定市继白洋淀、野三坡之后，第三个 5A 级旅游景区，这标志着白石山成为世界级精品旅游景区，对涞源打造旅游城市意义重大、影响深远。成功举办"精彩、震撼、圆满"的全省首届旅游产业发展大会。"五大板块""1+12+13"旅游项目建设完成投资近 150 亿元，旅游基础设施水平提升了 3 年以上，全域旅游新格局已具雏形，涞源作为京西百渡休闲度假区龙头，知名度和美誉度得到极大提升。五年来累计接待游客 522 万人次，创造社会效益 33.5 亿元。

随着京津冀协同发展重大战略的实施，涞源县被确定为环京津高品质生态支撑区、区域微中心城市，成为全省 17 个被列入"国家级全域旅游示范区"创建县的地区之一，是京西百渡休闲度假区龙头，荣乌、涞曲两条高速公路分别于 2018 年、2019 年开通，这大大缩短了与京保石的时间距离，涞源已经成为京西生态高地上区域性交通枢纽。涞源县有良好的生态环境、独一无二的气候条件，已经具备了健康养老、旅游休闲、户外运动等大健康产业发展的基础。大数据、云计算、电子商务、现代物流等战略性新兴产业也必将成为涞源实现绿色崛起、跨越赶超的助推器。天时、地利、人和，涞源已经站在蓄势待发、加速崛起的历史方位。涞源努力把自己打造成京西百里画廊上的"明珠城市"和河北省乃至华北地区重要的旅游目的地与旅游集散区。

涞源县旅游具有以下几方面的特点。

一是自然资源丰富，山地资源突出。涞源县自然旅游资源以山地资源为主，依托于此形成的峰林、峡谷、瀑布、云雾、岩壁、洞穴等资源，类型多样，特色突出，在华北一带具有较高品位和一定的独特性。目前开放了以白石山世界地质公园（拥有全国唯一大理岩峰林地貌）为代表的6大景区，218个景点。

二是文化积淀深厚，文物古迹众多。涞源在西汉时置县，先后有广昌、广屏、飞狐之称，1914年取涞水源头之意，更名为涞源，是名副其实的"千年古县"。境内有唐代兴文塔、辽代阁院寺、明代乌龙沟长城3处全国重点文物保护单位。特别是辽代的阁院寺，有"八个全国之最"：全国现存最古老的土木结构建筑，辽初最典型的官式建筑，文殊殿是全国唯一的三开间、方形、减柱造殿宇，代表辽代最高水平的尺幅最大的单体佛像壁画，现存年代最早的菱花格子窗棂，代表中国古建筑最高水平的斗拱，年代最早的以青绿色为主的外檐彩绘，全国唯一有铭文纪年的大钟。

三是气候资源独特，避暑条件优越。暑期平均气温仅有21.7℃，比北戴河海滨低3.8℃，比承德避暑山庄低2.6℃，全县森林覆盖率达38%，是一座天然的大氧吧、大空调，被誉为"京西夏都，生态涞源"。

四是革命遗迹众多，红色资源丰富。涞源位于抗战时期晋察冀边区的核心位置，产生了众多脍炙人口的抗战故事和家喻户晓的英雄人物。平型关大战第一枪——驿马岭阻击战在这里打响，百团大战的东团堡战役全歼日军士官教导大队，黄土岭战役击毙了日军"名将之花"阿部规秀，这里还是抗日小英雄王二小的出生地和牺牲地，加拿大国际友人白求恩大夫在这里受伤然后牺牲，他当年在涞源县孙家庄为伤员施行手术的小庙依然保存完好。

五是区位优势显著，交通便利。涞源地处两省三市交界处（两省指山西、河北，三市指保定、张家口、大同），张石高速，108、112 和 207 国道与京原铁路贯穿全境。特别是正在规划建设的荣乌、涞曲两条高速公路全部建成后，到北京、天津、石家庄等大中城市仅需开车 2 小时，届时涞源将成为河北省西部交通枢纽。

六是集多个品牌于一身。白石山是世界地质公园、国家地质公园、国家森林公园、国家 5A 级旅游风景区、全国青少年科技教育基地等。

在景区打造上，涞源县瞄准打造"中国名山""世界名山"目标，加大对白石山开发建设的力度，把白石山打造成知名生态旅游胜地和龙头景区。白石山的开发建设始于 20 世纪 90 年代。1990 年涞源凉城风景名胜区被河北省政府确定为省级风景名胜区。2008 年，涞源县开展了"千人会战白石山"活动，完成了贯穿东山西山的万米游步路、长 28.4 公里的旅游公路、占地 6.5 万平方米的停车场、地质博物馆等一大批基础设施建设。2011 年以来，白石山景区日新月异，景区建设突飞猛进，白石山景区对景区内部游步道进行必要的升级改造，完善游客服务设施；建设新的大型客运索道，解决上下山运力的问题；建设容纳万辆私家车的大型停车场和游客服务中心，提升服务水平；增加住宿餐饮项目，新增交通设施，提高游客接待能力；等等。先后完成了游步道及栈道 14 公里、供水管网 10 公里、高低压供电线路 27 公里、水景观 5 道、观景台

37座、水冲厕所17座、飞云口和祥云门两条索道及双雄石餐厅等一大批基础设施建设，特别是建成了国内海拔最高的玻璃栈道，一举引爆市场。2015年启动5A级景区创建工作，实施了白石山景区二期建设工程。2016年，结合承办首届旅发大会工作，白石山景区完成了投资4.6亿元、占地400亩（约26.67万平方米）的白石山旅游服务中心项目，它主要包括游客中心、停车场、地质博物馆等旅游服务设施，其中游客中心建筑面积6000平方米，地质博物馆面积为1500平方米，停车场停车位4000个，是目前国内景区最大的停车场；对西门索道进行改造提升，每小时运力可达2400人；加快推进智慧景区建设，在白石山景区铺设了独立的光纤，安装了监控系统、广播系统，在重要节点提供WiFi服务。此外还在游客中心安装电子门禁系统、电子售票系统，使景区配套设施建设更加智慧化和人性化。2016年，涞源县游客接待实现166万人次，同比增长20%，创造社会效益14.2亿元，同比增长84.4%。其中白石山景区接待游客120万人次，同比增长4%，景区综合收入1.1亿元，继续保持单体景区收入破亿势头，涞源县旅游业发展迈上一个新台阶。

2017年2月27日，白石山被国家旅游局正式授予"国家5A级旅游景区"称号，景区首次开放了冬季旅游，在春节、元宵节期间，白石山景区推出一系列活动，同时在京津冀地区进行推广。特别是在2017年清明节，全县共接待游客4.81万人次，同比增长135%；实现社会效益2886.72万元，同比增长116.5%；白石山景区共接待了 2.5 万人次，同比增长 20%。游客以北京、天津、大同、保定、廊坊、石家庄等周边城市的自驾游、家庭游游客为主，散客比例达到 70%。

2016 年 9 月 23 日至 9 月 25 日，河北省首届旅发大会在保定市涞、涞、易三县胜利召开，涞源县作为旅发大会的主要承办地之一，成功举办了星空音乐节、旅游产业博览会、京津冀旅游协同发展论坛、乡村旅游发展论坛、世界山岳休闲度假论坛和千人徒步穿越百渡度假区等多项活动。邀请国家部委领导、河北省四大班子领导、设区市领导、各县领导，以及外国嘉宾、海外媒体、国内外重要企业客商等一系列重量级嘉宾 2000 多人到涞源出席相关会议和观摩活动，实现了旅发大会"精彩、震撼"的目标。旅发大会得到了河北省委、省政府主要领导的高度赞扬和充分肯定。

第五章

白石口村精准扶贫
总体状况

第一节　白石口村概况

　　白石山位于河北省西部，被称为"三水"（涞水、易水、拒马河）之源的涞源县境内，由于山体显露白色白云石大理岩而得名。海拔2096米的白石山，傲居太行山脉北端的群峰之上，是京津平原地区与山西高原之间的一道天然屏障。早在战国和辽宋时期，关于白石山就曾有"度岭分燕赵""一山分两国"的名句；明、清时期，白石山曾与五岳齐名。而位于白石山脚下的白石口村，环境优美，青山绿水，2015年被国家旅游局确定为全国乡村旅游扶贫重点村，被确定为河北省首届旅游发展大会的主要承接地。近年来，白石口村在国家与河北省及涞源县的精准扶贫政策的指导下，一直致力于发展乡村旅游，村宅整齐、卫生整洁、环境优美、村民素质高。本章主要从白石口村概况和白石口村的精准扶贫状况两个方面对白石口村进行详细的概述。

根据中国社会科学院国情调研重大项目统一制定的精准扶贫精准脱贫百村调研行政村调查问卷（调查年度：2016年），课题组对白石口村的基本特征、土地情况、经济活动情况、基础设施与社会服务供给情况、政府投资概况、政治状况、文教情况、村财务情况、村公共事务情况以及村社保情况等进行了调研，并且通过现场调研和在村委会、所属镇多处收集获取资料，在现有资料和数据较匮乏的情况下，得到白石口村自然环境和社会经济相关数据，较好地了解了白石口村的现状。

一 自然地理和人口就业

白石口村位于河北省保定市涞源县北头乡白石山镇（见图5-1、图5-2），面积1.66平方公里，海拔1995.00米，年平均气温19.00℃，年降水量为680毫米，距县城、乡镇分别为15公里和10公里。全村共有375户，总人口为1261人（常住人口为1120人，占总人口的89%），3人参加了"雨露"计划，劳动力633人，仅有总人口的一半左右，其中仅有22.59%的劳动力举家外出（见图5-3），从打工时长来看，外出打工半年以上的劳动力人数（62人）是外出半年以内劳动力的3倍左右（21人）；从打工地点来看，外出到省外的劳动力与外出到省内县外的劳动力数

图 5-1　白石口村进村大门

（王谋拍摄，2017 年 8 月）

图 5-2　白石口村地理位置

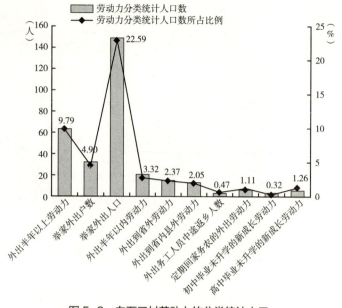

图 5-3　白石口村劳动力的分类统计人口

资料来源：精准扶贫精准脱贫百村调研 – 白石口村调研。

说明：本书统计图表，除特殊标注外，均来自白石口村调研。

量差不多，均为总劳动力数的 2.3% 左右，而且外出务工后的劳动力只有极少数会定期回家务农。另外，劳动力的新成长注入量也很少，初中毕业未升学与高中毕业未升学的新成长劳动力人数总计只有 10 人（前者为 2 人，后者为 8 人），共占总劳动力的 1.58%。因此，该村劳动力不仅只有总人口的一半左右，而且有一部分的劳动力外出打工极少回家务农，这意味着白石口村的老龄化现象以及劳动力缺失特别严重，另外经过调研发现，村子里留下的多是身体有严重疾病的人，而且丧失行动能力的人占患有严重疾病的人的 90% 以上，这就导致一方面家人为了照顾病人，不仅不能外出务工，而且在村里也不能务农，只能坐吃山空，导致家庭经济水平低，另一方面，巨额的医疗费用使原本贫困的家庭负担更重，只能依靠国家补贴维持生计，更不用说富裕了，所以，白石口村发展旅游面临着严重缺乏劳动力的困难，而且仅存的劳动力大部分因为家人只能提供有限的劳动，对于这一部分劳动力，发展农家院是一个可行的路径。

二 土地资源及利用

白石口村农用地主要为 671 亩的常用耕地、27610 亩的林地、40 亩的畜禽饲养地，这三类土地分别占到总面积的2.37%、97.49%、0.14%（见表 5-1）；山场面积 30000 亩；河流面积 1100 亩。主要农作物有：玉米（占种植面积全部耕地的面积的 70%，亩产为 350 公斤），谷物杂粮（种植面积占全部耕地面积的 20%，亩产 110 公斤）。103 户（约占总户数的 1/3）农户将总计 83.46% 的耕地进行了对外流转，土地的流转平均租金为 1000 元 / 亩。另外，在林地面积中，只有 0.02% 是属于退耕还林面积。因此，白石口村只存在很

表 5-1 白石口村土地资源情况

单位：亩，%

土地情况	耕地		农户对外流转耕地	
	面积	占比	面积	占比
	671	2.37	560	83.46
	林地		退耕还林	
	面积	占比	面积	占比
	27610	97.49	5	0.02
	畜禽饲养地		—	
	面积	占比		
	40	0.14		
总计	28321	100	—	

少的土地资源可以为当地旅游村发展提供用地流转，不过若发展旅游的收入高于村民其他土地流转的平均租金，那该村的土地资源是很丰富的，能够很好地为发展旅游提供支撑。

三 经济发展

白石口村的商业活动主体主要为农民合作社、专业大户、餐饮企业、批发零售店、超市、小卖部等，其中餐饮企业最多，有74家，其次是批发零售店、超市、小卖部，为22家，然后是2个农民合作社（分别成立于2010年和2016年，主要经营范围为养殖和种植，其中2016年成立的种植合作社总资产达到了100万元，参与的农民为18户），1个专业大户（见图5-4）。这也意味着该村大部分农民的主要收入来自餐饮业和种植业。农民2016年人均纯收入3600元，其中70%的收入来源于旅游业（主要是

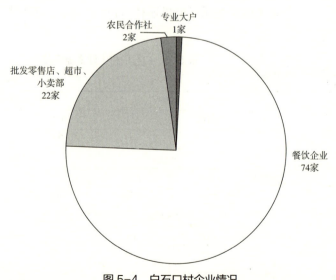

图5-4 白石口村企业情况

农家院），30%的收入来源于种植业。因此，白石口村的餐饮业是相当发达的，可以很好地为当地旅游村的发展提供餐饮服务，从而间接地带动该村旅游的良性循环发展。

四 基础设施

1. 社区设施和公共服务

白石口村的社区设施和公共服务，主要可以分为道路交通，电视通信，妇幼、医疗保健，生活设施，居民住房情况，社会保障，农田水利七大部分。

（1）道路交通。通村道路主要是水泥路，水泥路有4公里长，并配有相应的路灯，通组道路为3公里，其中1公里属于未硬化路段。

（2）电视通信。村委会不仅有有线广播，还实现了互联网入室。家中有电脑的农民已达到210户，其中95%电脑能够上网，每个家里都有电视机（有线电视户数占到58.6%，卫星电视户数达到41.4%），智能手机使用人数为680人，手机信号实现了全面覆盖。

（3）妇幼、医疗保健。全村共有1个卫生室、1个药店、1名有行医资格证书的医生、1个敬老院。2017年无0~5岁的儿童死亡，无孕产妇死亡。

（4）生活设施。村里已通民用电的为375户，当年只有2次停电；共有垃圾箱50个，并且所有的垃圾会集中处理；饮用水均来自机井。

（5）居民住房情况。户均宅基地面积为200平方米，在宅基地上建楼房的所占比例为 10%，建砖瓦房、钢筋水泥房的所占比例为 70%，建竹草土坯房的为 15 户，无危房，其中房屋出租的为 45 户（月均房租 400 元）。

（6）社会保障。全村均参加了新型合作医疗（费用由村委会全部承担），参加社会养老保险的为 360 户 596 人，低保人数为 3 人，五保供养人数为 9 人，村集体帮助困难户年出资额为 19900 元。

（7）农田水利。近年平均年降水量为 680 毫米，机电井为 3 个，主要灌溉水为雨水，一般情况下水源可以得到保障。

2. 教育、科技、文化

在教育和文化方面，白石口村的各个阶段的适龄儿童均处于上学状态（见图 5-5），学前教育阶段的儿童均在本村上学，而相对有自理能力的儿童去了乡镇甚至县市上学，如处于小学阶段的适龄儿童的 82% 在县市小学上学，只有 18% 在乡镇小学上学，即使该村有小学，但是小学内

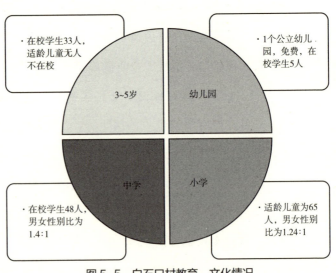

图 5-5　白石口村教育、文化情况

已无学生；对于中学生，由于乡镇中学离该村稍远，为15公里，因此，即使乡镇中学提供有补助的午餐，但是没有人在乡镇中学上学，全部去了县城中学上学。

在科技培训方面，白石口村虽无农民文化技术学校，但是村委会会不定期举办农业技术讲座，共有22次，参加农业技术培训的村民有165人，参加职业技术培训的村民有186人。另外，该村还提供了多个业余生活场所，不仅有1个60平方米的图书馆（每月使用人数为100人次），藏书4000册，还有3个体育健身场所，2个老年协会、秧歌队等社团。

因此，白石口村的村道路、电视通信、医疗保健、垃圾处理等基础设施和文化体育设施等配套设施是很完备的，进而设施提升改造极其容易，从而可以吸引更多的游客，促进当地旅游的更快发展。

五　村庄治理、基层民主与集体财务

白石口村党员干部机构是比较完备的，共有3个党小组、12个村民小组、党员71名，其中有高中及以上学历的党员为16名，占比约为1/4。村党支部有党员1人，村民委员会有党员1人，监督委员会有党员3人，民主理财小组有党员3人，因此党员干部可以为当地的旅游发展起到良好的带头作用和引领作用。白石口村的集体财务主要来自上级补助与土地收入，其中收到上级补助207829.9元，发包荒山、坡地收入为201083.1元，这意味着该村的每年补助也很充足，可以为本村旅游发展的公共设施的维修提供支撑。

六　白石口村旅游脱贫的示范效应

据了解，目前，白石山等旅游景区实行与周边乡村扶贫挂钩机制，充分吸纳了当地群众就业创业；依托美丽乡村及美丽乡村旅游示范区建设，以品牌风景道、休闲绿道、县道、乡道为纽带，串联了一批贫困村，连片打造乡村旅游扶贫区，依托特色种植园区、特色养殖园区等现代农业，以平原贫困村为重点，打造农业公园、田园度假等休闲农业产品。① 下面以白石口村的一个自然村——风凉沟村为例进行旅游脱贫的示范效应的分析。

第二节　白石口村精准扶贫状况

一　白石山旅游发展助力白石口村扶贫脱贫

（一）关于白石口村扶贫脱贫的政策与规划

国家曾多次提出大力发展乡村旅游，如从 2015 年 1 月在《国务院关于促进旅游业改革发展的若干意见》里提出要大力

---

① 吴秋华：《河北涞源：白石山带动全域旅游精准扶贫》，搜狐网，2018 年 4 月 2 日，http://www.sohu.com/a/227036279_115239。

发展乡村旅游开始，一直到 2017 年 5 月农业部办公厅印发的
《关于推动落实休闲农业和乡村旅游发展政策的通知》，其间
数次印发的文件提出要发展乡村旅游，[①] 而在精准扶贫以及建
设美丽乡村的背景下，河北省在 2014 年《关于实施乡村旅游
富民工程推进旅游扶贫工作的通知》中提出"十三五"期间
每年规划启动 100 个贫困村开展旅游扶贫，在 2016 年印发的
《河北省乡村旅游提升与旅游精准扶贫行动计划》中提出要实
施景村共建旅游扶贫，建立白石山等旅游景区与周边乡村的
扶贫挂钩机制，[②] 并在"十三五"期间推出了六大行动计划推
动旅游精准扶贫，同时《涞源县产业扶贫规划（2011—2020
年）》也提出要遵循"一村一品"、"一乡一业"的发展原则。
在这些国家及河北省甚至市县政策的推动下，2014 年 9 月，
白石山景区凭借全国最长、最宽、最高的玻璃栈道瞬间引爆
全国，当年日均接待量由原来的不足 300 人次猛增 6 倍以上，
游客接待量从一年几万人次突破到了 50 万人次，景区收入达
到 6600 万元，拉动当地 3 万人就业，带动 4 万人脱贫致富。
而白石口村作为涞源县的贫困村，以其位于白石山景区山脚
下的独特的地理位置为该村的脱贫扶贫寻找到了具有带动性
强、覆盖面宽、返贫率低等特点的旅游扶贫之路。2015 年白
石口村被国家旅游局确定为全国乡村旅游扶贫重点村，被确
定为河北省首届旅游发展大会的主要承接地。后来白石口村

---

① 江西省扶贫和移民办公室：《旅游扶贫 | 全国旅游精准扶贫政策解读》，江西省
扶贫办公室网站，2018 年 2 月 5 日，http://www.jxfpym.gov.cn/news/e7d62cbc-
25a5-4cf2-b5dc-94e9ec0f2e35.html。
② 《河北实施乡村旅游提升与旅游精准扶贫行动计划》，《河北日报》2016 年 12
月 25 日。

的精准扶贫受到多方面的关注与支持，如2016年以来民革中央多次对白石口村开展精准扶贫脱贫调研，引导白石口村种植户成立农产品专业合作社，白石口村扩大种植规模近70亩，并设立贫困户互助组；①涞源县委县政府以白石山创建5A级旅游景区为契机，紧密结合美丽乡村建设及扶贫工作，推进了"一村一品"景观建设，把白石口等13个村打造成旅游名村，配套建设休闲场所，提升交通通达性，打造了以白石山为中心，辐射周边村庄的全域旅游目的地，②并取得了很显著的扶贫脱贫的效果，如根据2017年涞源县开展的脱贫攻坚精准识别、精准帮扶、精准退出"回头看"工作的统计，到8月底，白石口村的一般贫困户仅有3户6人，两户因病，一户因学，低保户为6户10人，全部因病，五保户7户7人，均为60周岁以上、无劳动能力、生活困难者，一级残疾人2人。随着白石山5A级旅游景区日趋成熟，旅游业发展迅猛，已成为白石口村主导产业。截至2017年4月，全村共有农家院74户，床位2009张，总投资6854万元。

风凉沟村是白石山镇白石口村的一个自然村，位于世界地质公园脚下，全村共97户340人。以前这里叫"丰粮沟"，实际情况与名字刚好相反，这是一个远近闻名的贫困山村，房子低矮陈旧，年轻人都外出打工，只剩下一些年迈的老人留守，人均收入不足千元。2011年以前风凉沟村百姓80%是贫困户。随着白石山先后被评为省级森林公园、国

---

① 《民革市委再赴河北涞源调研助推脱贫攻坚》，中国国民党革命委员会北京市委员会，http://www.bjmg.org/portal.php?aid=3642&mod=view。

② 《白石山旅游助力当地几万人脱贫》，和讯网，2018年2月6日，http://news.hexun.com/2018-02-06/192409406.html。

家地质公园、国家 5A 级旅游景区，白石山知名度越来越高，尤其是玻璃栈道开通后，旅游人数呈井喷式增长。而由于白石山景区东门正位于风凉沟村，风凉沟村地理优势突出。在2016 年河北省首届旅发大会的推动以及白石山旅游的快速发展下，风凉沟村以宜居、宜游为理念，依托白石山，大力发展乡村旅游，实施景区带动战略，开展美丽乡村建设，县政府组建工作队，对风凉沟村进行全面打造：新建 360 米仿古步行街，新建商铺 48 家，加入降龙木雕、石雕、本地书画大家的字画以及涞源特产等新业态项目，整条街吃住行、游购娱样样齐备；新打机井 1 眼，建污水处理厂 1 座，铺设上下水管道 5000 多米，实现了用水安全，基础设施更加完善；新建石拱桥 2 座，新建成的祥云门索道拱桥建在索道出口，游客过桥经步行街返程，是景区带动村庄发展的重要途径；对河道进行跌水打造，940 平方米的跌水面给风凉沟村增添了更多色彩；新竖立景观石 9 个，诗词字画上墙 9 处，更加凸显深厚的文化底蕴；同时，对整村的石头房屋，按照修旧如旧的原则，进行了全面维修，使全村所有村民共享了发展成果。2016 年风凉沟村人均纯收入竟达到 3600 元[①]，并且曾经的 63 户贫困户仅剩 13 户 22 人尚未脱贫，而且当年 70 万元的村集体收入让全村 1300 多人都得到了分红。此外，土地流转、在景区打工还给村民带来额外的收入。[②] 到 2016 年底，风凉沟村共有农家院 30 家，高端规模酒店 3 家，床位

① 胡碧波、孙义：《白石山旅游助力当地几万人脱贫》，和讯网，2018 年 2 月 6 日，http://news.hexun.com/2018-02-06/192409406.html。
② 王洪峰、任丽颖、范世辉：《"金龙客栈"传奇——河北省涞源县风凉沟村旅游脱贫记》，新华网，2017 年 6 月 14 日，http://www.xinhuanet.com/2017-06/14/c_1121139973.htm。

1170 张，总投资 4731 万元。另外，还有旅游产品销售网点 10 个，独立餐厅 10 家，并且风凉沟村除无劳动能力的村民之外，基本实现旅游全覆盖就业。在风凉沟村里依靠旅游而脱贫致富的典型例子就是"金龙客栈"。李金龙的"金龙客栈"始建于 1993 年，原来为 4 间石头房，5 张双人床合并成大通铺，住一晚每人 2~5 元不等，导游 20 元一天，吃饭另算。这些年依靠旅游收入他不断扩大规模，借 2016 省旅发大会之势，他把沿街彩钢平房拆除，重新建仿古风格餐厅。他还被新华社的记者报道为"金龙客栈"的传奇。

虽然美丽乡村建设、扶贫、旅游产业发展带动了村庄经济飞速发展，但风凉沟村旅游经济依然存在不少问题：人员素质低，难以适应现代旅游发展的需要；产业发展投入不足，社会投资稀缺，村民自有资金更是严重不足；新业态项目少，目前，只处在"吃农饭、住农院"的基础阶段，本地文化没有得到挖掘，正在开发的乡村文化没有上升到商品的层次，提供给旅游者的服务形式单一，缺乏拳头产品和核心吸引物；后续管理有待加强；等等。

县委县政府非常重视风凉沟村的发展，对风凉沟村存在的问题认真分析，逐步帮助解决。现在，风凉沟村已旧貌换新颜，步入经济发展快车道，成为白石山旅游的又一热点，群众经营理念也发生根本改变，在 2017 年精准识别后，风凉沟村现有贫困户 3 户，全部为无劳动能力、无经济来源的，由社会保障兜底，办理 1 户 1 人低保、2 户 2 人五保。白石口村于 2016 年经脱贫验收，所有村民通过自己的双手走上加快发展的康庄大道。

二 白石口村整体精准扶贫状况

(一) 脱贫总体情况和方式

近几年来,在国家精准扶贫顶层设计的指导以及河北省甚至市县精准扶贫的政策指导下,白石口村的整体扶贫效果显著。从整体来看,2015年白石口村的危房改造总投资为35万元,其中49000元来自财政专项扶贫资金,30100元来自群众自筹资金,改造户数为15户,新扶持农家乐7户,参加卫生计生技术培训的为462人次,广播电视入户的为6户,宽带入户的为33户。2016年新建通村水泥路1.5公里,新建村内道路2公里,新增农村电网改造3处,危房改造3户,新扶持农家乐21户,参加卫生计生技术培训的275人次,有线电视入户10户,宽带入户26户。从脱贫人数来看,2014—2016年白石口村的脱贫总人数不断增加,2014年共有255户贫困户900名贫困人口,2015年脱贫人数达到711人(主要是发展生产脱贫和转移就业脱贫,分别占到81.01%和18.99%),这意味着79%的人口已脱贫,然后2016年脱贫人数为177人,其中发展生产脱贫的占85.88%,转移就业脱贫的占14.12%(见图5-6),至此脱贫总人数为888人,表明98.67%的人口已经脱贫。因此,从2015年、2016年两年的脱贫总人数来看,白石口村的脱贫工作取得了非常显著的成就,从2014年的255户贫困户900人贫困人口到2016年只有12人是贫困人口,发展生产脱贫是其主要的脱贫方式,均占到脱贫人口的80%以上,

第五章
白石口村精准扶贫总体状况

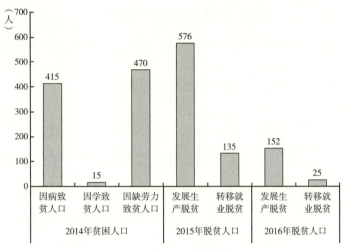

图 5-6　2014~2016 年白石口村的贫困人口和脱贫人口情况

其次是转移就业脱贫，这也同时表明脱贫方式存在单一性，因此可以开发多样化脱贫发展路径，争取实现全部脱贫。

（二）调研家庭的扶贫效果

根据前面所述白石口村的扶贫脱贫在整体上取得了显著的效果，本段主要聚焦于被调研的 60 户家庭，从微观层面深入了解白石口村的扶贫脱贫效果。在非贫困户中曾经为贫困户的家庭共有 18 户，其中 83.3% 的家庭对他们的调整结果以及调整程序是满意的（见表 5-2）。在白石口村的扶贫脱贫效果评价方面（见表 5-4），非贫困户家庭中有 47.6% 认为政府为本村安排的各种扶贫项目是比较合理甚至是非常合理的，贫困户家庭中有 22.2% 认为比较合理，有 27.8% 认为一般。在本村贫困户选择是否合理方面，非贫困户家庭和贫困户家庭分别有 83.4% 与 94.5% 认为是一般及以上的，其中均有 50% 及以上认为是比较合理的。在本村扶贫效果评价打分方面，非贫困户家庭中有 1/3 是认为比较好的，9.5% 认为是很好的，一般及以上为 64.2%，而贫困户家庭中有 50% 认为是一般及以上的。因此，白石口村的精准扶贫整体来看是有显著成绩的，不仅曾经的贫困户对调整非常满意，而且贫困户的比例是相当低的，但是仅存的贫困户，最主要的致贫原因是生病和残疾，总占比为 83.3%，而上学、缺技术、缺劳力致贫的家庭均只有一个（见表 5-3），所以帮助他们脱贫需要特殊的、更长期的规划。

表 5-2　白石口村曾经贫困户对调整的满意状况

单位：%

你对调整结果是否满意					
	项目	频率	百分比	有效百分比	累积百分比
有效	满意	15	83.3	83.3	83.3
	不满意	1	5.6	5.6	88.9
	无所谓	2	11.1	11.1	100.0
	合计	18	100.0	100.0	
你对调整程序是否满意					
	项目	频率	百分比	有效百分比	累积百分比
有效	满意	15	83.3	83.3	83.3
	无所谓	3	16.7	16.7	100.0
	合计	18	100.0	100.0	

表 5-3　白石口村贫困户的最主要致贫原因

单位：%

致贫原因	频率	百分比	有效百分比	累积百分比
生病	7	38.9	38.9	38.9
残疾	8	44.4	44.4	83.3
上学	1	5.6	5.6	88.9
缺技术	1	5.6	5.6	94.4
缺劳力	1	5.6	5.6	100.0
合计	18	100.0	100.0	

表5-4　白石口村调研家庭对扶贫脱贫的评价状况

单位：%

指标			非贫困户				贫困户			
			频率	百分比	有效百分比	累积百分比	频率	百分比	有效百分比	累积百分比
政府为本村安排的各种扶贫项目是否合理	有效	很合理	7	16.7	16.7	16.7	0	0	0	0
		比较合理	13	31.0	31.0	47.7	4	22.2	22.2	22.2
		一般	10	23.8	23.8	71.5	5	27.8	27.8	50.0
		不太合理	1	2.4	2.4	73.9	0	0	0	50.0
		很不合理	1	2.4	2.4	76.3	0	0	0	50.0
		说不清	10	23.8	23.8	100.1	9	50.0	50.0	100.0
		合计	42	100.0	100.0		18	100.0	100.0	
本村贫困户选择是否合理	有效	很合理	11	26.2	26.2	26.2	3	16.7	16.7	16.7
		比较合理	23	54.8	54.8	81.0	9	50.0	50.0	66.7
		一般	1	2.4	2.4	83.4	5	27.8	27.8	94.5
		不太合理	1	2.4	2.4	85.8	0	0	0	94.5
		很不合理	1	2.4	2.4	88.2	0	0	0	94.5
		说不清	5	11.9	11.9	100.1	1	5.6	5.6	100.1
		合计	42	100.0	100.0		18	100.0	100.0	

指标		非贫困户				贫困户			
		频率	百分比	有效百分比	累积百分比	频率	百分比	有效百分比	累积百分比
本村扶贫效果评价打分	有效 很好	4	9.5	9.5	9.5	0	0	0	0
	比较好	14	33.3	33.3	42.8	1	5.6	5.6	5.6
	一般	9	21.4	21.4	64.2	8	44.4	44.4	50.0
	不太好	1	2.4	2.4	66.6	0	0	0	50.0
	很不好	1	2.4	2.4	69.0	0	0	0	50.0
	说不清	13	31.0	31.0	100.0	9	50.0	50.0	100.0
	合计	42	100.0	100.0		18	100.0	100.0	

第六章

白石口村及白石山景区的
旅游发展总体状况

第一节　白石山景区建设情况

一　景区建设历程

白石山景区建设涵盖以下内容，一是景区基础设施建设，二是对外旅游项目宣传等方面的内容。通过了解景区基础设施建设正面了解景区的建设规划实施情况，通过景区宣传了解景区目前的营销动态。

（一）景区总体的基础设施建设

白石山的开发建设始于 20 世纪 90 年代。1990 年涞源凉城风景名胜区被省政府确定为省级风景名胜区。2008年，开展了"千人会战白石山"活动，完成了贯穿东山西山的万米游步道、长28.4公里的旅游公路、占地6.5万平方米的停车场、地质博物馆等一大批基础设施建设。2011年以来，白石山景区日新月异，景区建设突飞猛进，白石山景区对景区内部游步道进行必要的升级改造，完善游客服务设施；建设新的大型客运索道，解决上下山运力的问题；建设容纳万辆私家车的大型停车场和游客服务中心，提升服务水平；增加住宿餐饮项目，新增交通设施，提高游客接待能力；等等。先后完成了游步道及栈道14公里、供水管网10公里、高低压供电线路27公里、水景观5道、观景台37座、水冲厕所17座、飞云口和祥云门两条索道以及双雄石餐厅等一大批基础设施建设，特别是建成了国内海拔最高的玻璃栈道，一举引爆市场。2015年启动5A级景区创建工作，实施了白石山景区二期建设工程。2016年，结合承办首届旅发大会工作，白石山景区完成了投资4.6亿元、占地400亩的白石山旅游服务中心项目，旅游服务中心主要包括游客中心、停车场、地质博物馆等旅游服务设施，其中游客中心建筑面积6000平方米，地质博物馆占地1500平方米，停车场有停车位4000个，是目前国内景区最大的停车场；对西门索道进行改造提升，每小时运力达2400人；加快推进智慧景区建设，在白石山景区铺设了独立的光纤，安装了监控系统、广播系统，在重要节点提供WiFi服务；此外还在游客中心安装电子门禁系统、电子售票系统，使景区配套设施建设更加智慧化和人性化（见表6-1）。2016年，涞源县游客接待实现166万

人次，同比增长20%，创造社会效益14.2亿元，同比增长
84.4%。其中白石山景区接待游客120万人次，同比增长4%，
景区综合收入1.1亿元，继续保持单体景区收入破亿势头，

图6-1　白石口村旅游接待设施

（王谋拍摄，2017年9月）

表6-1　白石山景区开发建设的内容和成果

年份	景区建设内容	成果
1990	被确定为省级风景名胜区	初步的开发建设
2000	游步道建设	有7000多级台阶、栈道、隧道、索桥的游步道
2001	申请国家地质公园	被列入第二批国家地质公园
2006	申报世界地质公园	通过审核
2008	"千人会战白石山"活动	贯穿东西山的万米游步道、长28.4公里的旅游公路、占地6.5万平方米停车场、地质博物馆等
2011	增加多样化的旅游服务	建设索道、停车场、玻璃栈道
2014	玻璃栈道项目营销	开放栈道，活动火爆
2015	5A级景区二期建设	实施规划
2016	旅游服务中心建设	承办活动、建设智慧化景区 接待人数上升
2017	确定为5A级旅游景区	开放冬季旅游、推出一系列活动等

资料来源：涞源县《2016年政府工作报告》及《2017年政府工作报告》。

涞源县旅游业发展迈上一个新台阶。

2017 年 2 月 27 日，白石山被国家旅游局正式授予"国家 5A 级旅游景区"称号，景区首次开放了冬季旅游，在春节、元宵节期间，白石山景区推出一系列活动，同时在京津冀地区进行推广。特别是在 2017 年清明节，全县共接待游客 4.81 万人次，同比增长 135%；实现社会效益 2886.72 万元，同比增长 116.5%；白石山景区共接待了游客 2.5 万人次，同比增长 20%。游客主要是北京、天津、大同、保定、廊坊、石家庄等周边城市的自驾游、家庭游游客，散客比例达到 70%。^①

（二）对外旅游宣传情况

提到景区建设，除了基础设施方面的建设外，不容忽视的一项必要建设就是旅游宣传工作。宣传对于旅游业是至关重要的。旅游资源，要靠宣传才能为人所知。这种宣传当然必须恰如其分，但也要充分，使人们听了介绍之后想去一游。在一定意义上，宣传既是旅游业环境优化的必要条件，也是旅游业科学发展的重要保障，更是推动旅游业发展的重要动力。^②白石山景区的宣传主体是政府和景区运营部门。

政府的宣传动力来源于"旅游扶贫"的战略机制。涞源县政府有着良好的发展大旅游的意识，政府部门坚定实施"旅游立县"的战略，结合旅游项目开展扶贫工作，发挥了公共部门的引导作用，并积极引入社会力量参与当地旅游强县的建设。在 2016 年及 2017 年的涞源县《政府工

---

① 涞源县《2016 年政府工作报告》及《2017 年政府工作报告》。
② 高舜礼:《旅游宣传的薄弱与强化》，《旅游学刊》2015 年第 7 期，第 7~9 页。

作报告》中，建设全域旅游的目标被多次提及，随着工作的逐步深入，全域旅游建设更有着不断突破的成果。政府以打造"中国名山""世界名山"为目标，加大对白石山开发建设的力度，把白石山打造成知名生态旅游胜地和龙头景区，不仅重点支持旅游业和现代服务业发展，推动全域旅游、全季旅游、全景旅游、全时旅游，还以白石山景区为核心，加上仙人峪、空中草原、横岭子等6大景区218个景点的项目开发。不管是依托自上而下的政府战略平台，还是依托自下而上的营销部门的具体实践，它们共同促进了白石山景区作为旅游扶贫的重点项目在多方面发挥核心价值和作用。由于白石山旅游项目质量过硬，作为扶贫政策的重要项目，县政府的门户网站对其进行了积极的宣传[①]。

  除了政府渠道的广泛推介，在清晰的战略和扎实的基础建设支持下，白石山景区采取了多重手段强化宣传营销。一是借助广告媒介。在中央电视台《朝闻天下》栏目、北京地铁等媒介上投放白石山形象广告，重点突出便利的交通和怡人的山岳风景。白石山景区的对外宣传主打地理位置上的优势。被称为"北京后花园""京西百渡休闲度假区"的白石山景区距离涞源县城南15公里，交通便利，距离保定、北京、天津、山西、石家庄等地仅有2~3个小时的车程，可达性较高，具备良好的区位优势。二是拓展自己的发声渠道。白石山景区拥有自己的旅游门户网站，而且保持着景区动态的更新，从食、住、行和购等多方面为游客提供翔实的白石

---

① 涞源县政府门户网站，www.laiyuan.gov.cn/index.do?templet=index。

山旅游资讯。三是紧抓热点营销。2016 年伦敦奥运会期间，白石山借势在线上发起了奥运主题互助活动——白石山奥运欢乐游，一下子吸引了 9 万多人共同参与互动。四是在各大自助旅游 App 平台上蓄积口碑。不少游客在时下热门的一些自助旅游平台上推广自己的旅游经验，以"白石山游记"字眼进行搜索，得到不少近期的相关内容。

总体而言，借着良好的地理区位和过硬的国家 5A 级旅游景区金字招牌，不管是通过政府渠道还是其他渠道，白石山景区的对外宣传工作使白石山景区获得了口碑、积蓄了人气，有不小的收获。

以上从景区的基础设施建设和对外宣传情况两方面对景区建设进行了介绍，这也是景区建设重心转移的一大具体表现。

二 景区建设的重心转移分析

1. 基础建设逐渐饱和，透过互联网打造口碑项目将成重点

从表 6-1 中白石山的整体建设内容和成果上看，白石山景区有着明显的建设重心的转移。2014 年中景信旅游投资开发集团将大量的资金投入景区的基础建设，全面提升了景区的旅游环境和旅游形象。白石山景区作为一个已有良好基础的旅游产品，其重心转移表现为硬件方面的建设逐渐平衡，而在引入和适应旅游新概念、举办吸引游客的活动的软件方面的建设正在不断增多。旅游发展本身离

不开基础建设的支撑，从现有的结果来看，白石山景区的基础建设内容正慢慢地饱和，但随着互联网的发展和互联网对景区的渗透，白石山景区跟着互联网的脚步采取了新时代的旅游管理方式，借助互联网宣传自己的旅游项目，并关注游客的网上互动反馈。随着游客旅游体验的反馈增多，大数据抓取的用户需求和体验评价对景区发展影响重大，对白石山的旅游规划也会造成一定的影响，所以未来仍会有新增旅游项目的基础建设。

从现有的旅游项目来看，白石山景区的玻璃栈道是较为有吸引力的品牌项目。开放当年游客人数的激增反映出游客对旅游产品的选择已经不仅仅是考虑简单的回归山林和置换环境了，现代人的旅游消费心理更倾向于寻求新颖、刺激的元素，互联网将对景区呈现人们的需求。通过高水平的规划建设，围绕休闲、度假、观光、旅游进行精心规划，形成独具魅力的旅游项目，在安全的环境下增加游客与环境的互动，打造口碑项目，提升游客的旅游体验，未尝不是景区未来的选择。

2. 创新景区旅游项目，完善、宣传旅游品牌形象

旅游品牌形象是关键。紧靠景区的风凉沟村的仿古一条街虽然样式新颖，但仍在借他人之势。从景区和附近村庄的整体旅游特色出发，引入更多的本地特色、减少千篇一律的建设更符合整体考量。故景区及周边在融合当地文化上还有待加强，这也说明作为旅游产品的白石山景区其整体形象有待后期进一步地完善补充。积极的宣发工作让白石山旅游品牌走进大众视野，景区和政府宣传完成了这

第一步，维持目前推出的旅游项目之余重视结合文化、开拓新的旅游项目将是景区持续经营的第二步。

旅游活动本身受限于气候节气，白石山在冬季温度较低，景区以往在 10 月旺季以后就逐渐减少开放天数，雪天采取封山的措施。而 2017 年在被授予国家 5A 级旅游景区头衔后，白石山景区开发冬季旅游项目，这一行动表明景区在业务发展上紧抓热点，积极探索不同于以往的发展方式，有一定的创新意识。

第二节　白石口村旅游发展历程和发展现状

白石口村依托白石山景区的发展，也逐渐进入旅游服务市场，整体有了极大的改变。本节梳理其旅游发展历程和现状，并在此基础上提出旅游景区在带动扶贫和产业发展同时具有的一些实际问题，为后续分析提供支持。

一　白石口村的旅游发展历程

白石口村与白石山景区唇齿相依，其旅游发展得益于白石山景区的发展，所以在时间节点上与白石山景区有明显的相关联系，景区旅游人数的激增带来了村落旅游产业的火爆。风凉沟村作为白石口村的一个自然村，更是凭借其优越的地理位置率先逆风翻盘，成为旅游产业发展的受益者。

1. 白石口村的旅游发展得益于白石山景区的发展

从根本上追溯，白石山景区的发展动力来源之一是国家 5A 级旅游景区的挂牌。由于国家旅游局创建的国家 5A 级旅游景区将各景区的信息统一录入资料库，编制成科学的旅游路线向外广泛推介，所以拥有金字招牌的国家 5A 级旅游景区在境外客源市场份额上将有一席之地，这同时能创造社会效益和经济效益。正是在国家 5A 级旅游景区招牌影响力的驱动下，白石山景区自建成开放以来，一步步提升景区的硬件设备，发展智慧景区，提高了自身的旅游服务水准。在白石山景区的国家 5A 级旅游景区正式挂牌前的 2016 年就是从事旅游业人数增多的节点之一。

1990 年初期，白石山景区还只是小有规模，影响力仅仅带动少量的外来游客来此参观住宿。游客人数较少，相应农家乐的发展也较为缓慢，仅有一些农户开放家庭中的床位，经营饭馆、小卖部等，远非现在的热闹景象。随着白石山国家 5A 级旅游景区日趋成熟，涞源县依靠白石山景区迅速发展起旅游业，旅游业已成为白石口村主导产业。截至 2017 年 4 月，全村共有农家院 74 户，床位 2009 张，总投资 6854 万元。全村 375 户 1261 人，劳动力有 581 人，农民 70% 的收入来源于旅游业（主要是农家院），30% 的收入来源于种植业。2017 年，全县共接待游客 192 万人次，第三产业增加值占 GDP 的比重上升到 48.7%，创造了 10 多亿元的社会效益，旅游业正成为富民强县的战略性支柱产业。

2. 自然村风凉沟村借景区开发的"东风"率先发展

风凉沟村是涞源县白石口村的一个自然村,位于世界地质公园白石山脚下,全村共 97 户 340 位居民。风凉沟以前叫"丰粮沟",实际情况与名字刚好相反,老百姓几辈子靠种山上的几分地为生,偶尔走上 20 多里路去县城卖柴火补贴其他家庭用度,"丰粮"只能成为美好的愿望。又因为这里海拔 1200 米,沟壑狭长,风吹凉爽,"丰粮沟"更多地被称为"风凉沟"。过去,该村就是普通的山区村庄,房子都是当地山区普通的民房,灰瓦石墙,低矮陈旧。虽然村里也有几家旅店、农家院和超市,但它们与周边的村庄相比,没有明显的区别。村里的道路雨天时泥泞不堪,晴天时尘土飞扬。

然而,通过先天的地理区位影响,白石山景区影响力不断扩大后,风凉沟村背靠白石山优先享受了区位带来的快速发展的果实。风凉沟村、白石口村、荆山口村,这三个白石山脚下的小山村,从原来 90% 的年轻人外出打工,到如今 80% 的年轻人返乡创业。旅游脱贫奔小康,创建美好新生活,已经是村民的共识了。在农家乐的大量发展后,风凉沟村接待游客的能力不断增强,经济实惠的农家乐填补了白石山景区内仅有两处大规模酒店的空档,给予游客更多的选择。如今的风凉沟村,坑洼的砂石路变成了平整的柏油路,破平房变成了小洋楼,"三蹦子"换成了小汽车,漆黑的夜晚有了明亮热闹的夜市……优美的风景、便利的交通、周到的服务,越来多的游客慕名而来。据统计，农家院的年收入大都在 20 万元以上，风凉沟村成了名副其实的"丰粮"之村。由于经济的发展，风凉沟村开展了美丽乡村项目的建设，其总体理念是景村融合，风凉沟村将索道出口改到村里的新步行街，实施景区带动村庄发展。项目重点围绕五项工作展开：一是仿古一条街建设，按照北方明清建筑风格，建设全长 320 米的仿古一条街；二是景观河打造，在全长 940 米的河道上新建石拱桥 2 座，在河道边修建河道栏杆 940 米；三是花海打造，对该村后山 31 万平方米梯田进行了花海打造，"五福鸟"与"祥云"造型充分体现和谐发展的理念，并对 1.2 万平方米的进村道路两侧进行了绿化；四是民居改造工程，对全村 93 处旧危房屋全部进行了改造，按照修旧如旧的原则，残墙断壁全部进行了修整；五是给排水工程，新打出水量为每小时 25 立方米的机井 1 眼，新建小型污水处理厂 1 座，共铺设主街道上下水管网约 1500 米，各分支管网 3500 米，解决了村民及游客的安全饮水问题。

到 2016 年年底，风凉沟村共有农家院 30 家，高端规模酒店 3 家，床位 1170 张，总投资 4731 万元，旅游产品销售网点 10 个，独立餐厅 10 家。风凉沟村除无劳动能力的人之外，基本实现旅游全覆盖就业。白石口村的景区周边农家乐、旅馆已经将近 300 家。村民收入与景区效益直接挂钩。此外，景区的发展还带动附近乡镇居民就地就业，景区 80% 的员工来自周边村镇。景区游客增多，带动农特产品附加值提高，农家乐、土特产为村民增收提供了新途径。

二 白石口村旅游发展现状

1.农家乐兴起，部分经营商户利润可观

通过以上数据可以观察到，白石山景区显著的产业带动效果表现在吸引了白石口村村民参与旅游服务的提供，主要体现在住宿、餐饮等项目上，不少民众修建了农家乐，提供食住服务，不乏盈利的商户。农家乐的兴起本身代表了景区旅游的带动颇具效果，但数量并非全部，白石口村要实现旅游带动经济的可持续效应，还需确立一定的旅游服务标准。由于整体的住宿、餐饮标准不明确，这类服务仍有较多的上升空间。所以在农家乐的规范管理上还有待政府进一步发挥作用，引导该村落的旅游服务业整体服务水平、设施设备质量的提升。增加游客的个性化、多样化选择，进一步提升游客的旅游体验。

为避免农家乐的快速萎缩，保证农家乐的从业标准符合市场可接受的标准是一项重要的举措。市场发出信号，接收信号想要进入的群体很多，这就造成了农家乐遍地开花的景象。但依靠短暂的旅游红利影响、没有长久经营的准备容易造成严重问题，如农家乐、旅游接待的从业者遇到的普遍经营问题例如资金回流慢、信贷压力大等。农民群体从农业转型到旅游服务业是要面对亏损的风险的，加上存在隐性的机会成本等状况，转型农民如果失去了农业上稳定的收入，新职业又没有可观的利润，他们参与旅游产业的积极性可能降低，进一步提高了旅游市场的退出率。随着消费者要求的提高，为了避免低质量的进入者被市场淘汰而形成沉没

成本，需建立一定的从业标准，扩大前期的投入保证质量的输出，形成可持续的旅游项目的发展。毫无疑问的是，提高标准的同时也代表了难度的增加，所以为避免资本投入过少而欠缺妥善有效的经营，建立从业标准和准入机制、需要一定的质量把关和从业培训工作显得尤为必要。

2. 全县旅游政策发挥引导白石口村发展旅游风向的作用

白石山景区在全县的全域旅游战略中发挥着核心凝聚的作用，白石口村借助与白石山景区的紧密关系，参与全县战略，拉长旅游产业链势在必行。2016年9月，借首届省旅发大会东风，作为三个主会场之一，涞源县翻开了发展全域旅游、全季旅游的新篇章，由白石山观光旅游一枝独秀，到逐步形成以白石山、仙人峪、空中草原3个景区为核心的旅游产业带，以点带面，辐射带动周边区域及景区道路沿线各村吃旅游饭脱贫。

目前，涞源县在原有13个美丽乡村建设的基础上，又启动了30个村整村拆建、155个村改造提升的乡村振兴计划，将打造一批彰显涞源地域特色的美丽乡村，并加快推进中太行漫谷等一批集生态观光、休闲度假、文化创意于一体的旅游特色小镇发展。弥补短板，打造冬游品牌。在做大做强夏季游的同时，涞源县瞄准温泉康养、冰雪运动等冬季旅游项目，积极引进战略投资者，实现由夏季游向全年游的转变。白石山景区及其周边旅游产业正在不断拉长旅游产业链条，实现第一、二、三产业融合发展。[1]

---

[1] 《涞源县发展全域旅游助力精准脱贫端上"金饭碗"》，涞源县政府门户网站，2018年6月6日，https://www.laiyuan.gov.cn/index.do?id=11277&templet=content&cid=22。

三 存在的问题

白石山景区作为强有力的经济辐射源，带动了大量当地人员参与旅游项目，白石口村的产业是以农家乐等服务业为主的第三产业，特殊的地理位置本来应该给白石口村带来极大优势，但在旅游产业大量进入村子的过程中也出现了一些问题。一是景区用地引发土地之争以及如何解决占地补偿问题；二是旅游业对贫困户旅游扶贫带动效果不明显；三是原本属于村子的资源由于投资商垄断，产生的利润村民们难以分享。

1. 景区用地需要考虑通过合法途径获取以及合理补偿村民

国家明确指出为了加强土地管理，维护土地的公有制，保护、开发土地资源，合理利用土地，切实保护耕地，促进社会经济的可持续发展，任何单位和个人不得侵占、买卖或者以其他形式非法转让土地。土地的使用权可以依法转让。国家编制土地利用总体规划，规定土地用途，将土地分为农用地、建设用地和未利用地。严格限制农用地转为建设用地，控制建设用地总量，对耕地实行特殊保护。

但白石山景区出现了非法占用农用耕地的情况①，400亩农用耕地在没有接到任何政府相关用地手续的情况下，就被白石山景区占用建设停车场，这引起了土地所属的两个村子——白石口村和荆山口村的不满。旅游扶贫本身是

---

① 佚名：《河北涞源县违规占地该谁管？》，河北省诚信建设委员会网站，http://www.cxjsw.com/city.php?id=3。

一个好项目，但景区企图以私下协商的方式永久占有土地。第一，景区没有走法律途径依法办事，这并非是一个国家 5A 级旅游景区应有的做法，在某种层面上是一种形象亏损。第二，景区简单粗暴的一次性买断土地，是对弱势群体的不公平待遇。400 多亩地是白石口村和荆山口村两个村子共有的，白石山景区平均每亩地给村民 7 万块钱，一次性买断，另每年再补助 1000 元，连续补助 15 年。只要农用耕地在，村民未来可能有的利益就难以估计。这种简单买断的方式对村民来说是不可持续的发展方式。不管是从旅游扶贫的角度还是从正常土地流转利用方式的角度来看，这都不是一个合理的方式，它迫使村民成为被动的短时利益接受者，而非利益创造者。所以景区用地征地还需考虑可持续发展。

2. 白石口村旅游扶贫效果不明显及其原因

白石山景区作为国家 5A 级景区旅游，它的整体建设还是符合相应的标准的。但在带动周边方面，依靠景区的旅游影响力，距离景区不远的白石口村理应借势蓬勃发展，但现实是即使在市场信号的呼吁下，仍有一些贫困户难以进入旅游市场。从实地调研的情况来看，扶贫效果不明显的原因是存在以下几个方面的问题。

一是家庭劳动力不足。白石口村的 18 户贫困户中，部分是独居老人。以他们为例，经营农家乐以此营利的方式对他们来说没有吸引力，他们既没有资金也没有精力从事这样复杂的活动。他们的一般性经营活动是去景区售卖批发来的旅游小商品。二是旅游行业存在淡旺季，不能保证稳定的收入，仅仅通过参与在旅游旺季的简单小商品销售实在难有可观的收入。所以整体情况并不乐观，难以维稳。三是对于景区周边的已经开办的农家乐而言，景区对外开放的活动信息是它们调整自身服务的信号，但其中存在一定的信息不对称。例如，景区在 2017 年尝试开放了冬季旅游，这在往年当中是没有的情况。调研小组通过实地调研了解到，白石山上的冬天整体温度相对较低，一些农家乐的取暖设备并不能满足深冬乐的要求。大部分农家乐业主为了节约成本，以及受往年深冬停止营业这一趋势的影响，其农家乐住宿条件仅能满足旺季气温的要求，难以和景区供应的住宿条件相比。这也是农家乐仅能参与旺季旅游的原因之一。所以进一步提升农家乐的应对全时旅游等规划的能力显得十分必要，但全时旅游提高了住宿要求，相应需要的资金注入也会增加，对有意参与旅游接待的贫困户而言就是很大的难题。

3. 村民从景区经营中获取的直接收益较少

白石山景区已经成为一只会下金蛋的母鸡，它为投资人创造的收益是巨大的。但可惜的是在当地发展旅游扶贫之前，乡村与景区结合的模式并未被广泛采取。景区的直接收益也与当地居民毫无联系。村民难以分享景区盈利成果的重要影响因素来自景区的运营模式。白石山作为白石口村的当地资源，在跃升为极有影响力的景区之前，村民们就没有被包含到景区的受益者之中。景区在 2010 年以前采取由政府主导的运营模式；2010 年至 2012 年则转变为"政府+国企+民企"模式，采取股份制，涞源县政府仅仅有 20% 的股份；2013 年始，整体运营模式变为"政府 + 大旅游投资集团"模式（见表 6-2），将近两年的闭馆改造，白石山变化巨大。大手笔开发的资金要求也更高，中景信旅游投资集团的参与改变了这一紧张局面。①从这一系列的发展来看，整体的引商投资是成功的，但白石口村等村子并没有和景区有直接的利益联系，景区通过土地流转方式用掉了大量的村属土地，一开始如果采取土地入股的方式就能直接建立村民与景区的联系。

表6-2　白石山景区运营模式

年份	运营模式
2010	政府主导
2010~2012	政府 + 国企 + 民企
2013	政府 + 大旅游投资集团

第三节　白石山景区与白石口村的旅游协同发展

白石山景区与白石口村的协同发展是必然的。原因有两点。一是地理位置决定了白石口村必定靠山吃山。白石山景区的发展必然带动白石口村的经济发展，但如何治理

① 黔在故客:《河北涞源县白石山景区的旅游投资风云》，北京创行合一旅游规划设计院网站，2016 年 9 月 27 日，https://www.cxhyplan.com/news_page.asp?id=2280。

改造利用村子的自然条件还有待商讨。第二个原因是，白石山景区的良好发展会给白石口村带来更多的乡村旅游和农家乐游客以及住宿客人，白石口村的良好发展能为白石山景区提供更多的周边的住宿、商业街等配套支撑，扩大了景区的辐射面，二者互相带动，形成良性循环。在我国其他地方已经建立这样的"村落＋景区"旅游示范基地，对比参照其他地区的发展情况，接下来介绍一些已有的景区与村落协同发展的办法以作为白石口村与白石山景区旅游协同发展的参考。

一 大力发展特色旅游商品和旅游民俗文化

村落本身有自己的农业产业，景区的影响力使人们更多关注旅游接待等方面的发展，但农业的重要性不可忽视。旅游接待中餐饮一环如果加入本土特色，极易给游客留下深刻印象。故挖掘文化内涵，开发形式多样、特色鲜明的乡村旅游产品，例如寻找当地特色食品和手工艺品，进行包装营销进而发展成特色旅游食品、旅游手工艺品，一方面可以最大化利用当地资源，另一方面能够提高当地村民的文化自信。可以对参与其中的贫困户，采取给予设备采购补贴等激励措施，提高扶贫措施的实施效果。

针对以上的特色食品、工艺品的策略，可以鼓励企业和个人采取"公司＋农户（贫困户）"方式开办旅游商品制造加工企业，贫困户参与达到一定比例的，按贫困户从企业实际获取的年工资的一定比例予以一次性补贴。互联网时代利用好互联网的便利进行服务和宣传，培育旅游电商品牌。县旅游部门要会同商务等有关部门，将"旅游+互联网"理念全面融入旅游扶贫开发建设，支持互联网企业深度参与旅游扶贫宣传营销。与阿里巴巴、京东等电子商务企业合作，优先支持有条件的旅游扶贫村建设旅游扶贫电商平台，组织实施贫困地区一村一店、旅游淘宝村、"旅游扶贫村+特色馆"、"互联网+金融+扶贫"、"互联网+旅游+扶贫"、电子商务创新创业人才培训、乡村旅游创客培训等项目，依托村民集聚中心、超市等建设电商服务站点，支持各大电商平台开展旅游电商扶贫行动，对旅游扶贫示范村进行在线宣传推广、特产销售、旅游线路营销等。

景区由于聚集效应，除了供给游客美丽的风景外，还可以另外发展文化民俗表演。涞源县已具备发展文化民俗表演这一项目的基础，为了有更好的旅游扶贫效果，利用好已有资源尤为重要。对招用贫困户参与旅游景区民俗表演的，按每个贫困人口一次 50 元标准进行补贴。

二 资金注入加强白石口村旅游基础设施建设

为了扩大景区的辐射范围，避免游客仅能在景区范围内得到相应的旅游服务，应加强贫困村旅游基础设施建设，延长景区的服务线的任务就落到了白石口村身上。增强乡村与景区的呼应作用的必要条件是保障乡村旅游基础设施、公共服务设施和旅游服务体系的供给完善。例如，统筹整合旅游发展资金，重点加强乡村旅游特色村的道路、电力、饮水、厕所、停车场、垃圾污水处理、网络通信等基础设施和公共服务设施建设。[1]

三 旅游人才的培训

十九大报告提出"乡村振兴"[2]的战略，其背后隐含的是乡村的空壳与丧失活力的现象已经存在许久。其问题的根源在于年轻劳动力流失严重，乡村整体的年龄结构偏老龄化。振兴乡村除了需要资金的大量注入外，对拥有一定文化程度的劳动力的需求也急需从各渠道来满足[3]。为了协同发展白石口村和景区的旅游产业，让乡村借景区的影响力来自主"造血"，应开展针对返乡创业人群的从业培训以及乡村旅游扶贫人才培训，积极开展乡村旅游经营户、乡村旅游带头人、能工巧匠传承人、乡村旅游创客四类人才和乡村旅游导游、乡土文化讲解等各类实用人才培训，依靠人才支持和智力投入促进乡村旅游发展。只有提升白石口村的旅游基础设施和服务条件，才能进一步实现旅游协同发展的目标。

---

[1] 《崇义县旅游扶贫专项工作方案》，崇义旅游网，2015 年 10 月 19 日，http://www.cylyw.gov.cn/bszn/2015-10-19/559.html。

[2] 《中共中央国务院关于实施乡村振兴战略的意见》，《农村经营管理》2018 年第 2 期，第 6~15 页。

[3] 杨邦杰：《乡村振兴：产业、基建、人才与政策》，《中国发展》2017 年第 6 期，第 1~4、92~93、94 页。

第七章

白石口村被调查家庭
基本情况

第一节　被调研家庭成员情况

一　被调研家庭的总体分类

　　根据中国社会科学院国情调研重大项目统一制定的《精准扶贫精准脱贫百村调研行政村调查问卷（调查年度：2016 年）》，课题组对白石口村被调查家庭的家庭成员情况，住房、农业资源以及其他资源利用状况、经济活动情况、基础设施与社会服务供给情况等，进行了科学抽样调研，并且通过现场调研和在村委会、所属镇多处收集资料，在现有资料和数据较匮乏的情况下，得到白石口村 60户被调研家庭的经济、社会和生活等方面的数据，较好地了解了白石口村整体的发展现状。

课题组采用科学抽样与分层抽样相结合的方法从白石口村总人口中共抽取 60 户、171 人进行调研。由于 2016 年该村的贫困户只有 18 户，所以在抽取的被调研家庭中贫困户为 18 户、34 人，非贫困户为 42 户、137 人。关于被调研家庭住户类型（见表 7-1），在贫困户中，低保户为 4 户，占比为 22.2%；脱贫户为 3 户，占比为 16.7%；五保户为 6 户，占比为 33.3%；一般贫困户为 2 户，占比为 11.1%。在非贫困户中，非贫困户为 16 户，占比为 38.1%；建档立卡调出为 23 户，占比为 54.8%。

表 7-1 白石口村被调研家庭住户类型

单位：%

住户类型		频率	百分比	有效百分比	累计百分比
贫困户	缺失	3	16.7	16.7	16.7
	低保户	4	22.2	22.2	38.9
	脱贫户	3	16.7	16.7	55.6
	五保户	6	33.3	33.3	88.9
	一般贫困户	2	11.1	11.1	100.0
	总计	18	100.0	100.0	
非贫困户	缺失	3	7.1	7.1	7.1
	非贫困户	16	38.1	38.1	45.2
	建档立卡调出	23	54.8	54.8	100.0
	总计	42	100.0	100.0	

注：非贫困户和贫困户中均有 3 人的数据较难获得，故缺失。

二 被调研家庭成员情况

白石口村的被调研家庭一般有 1~3 个家庭成员（见表

7-2），特殊情况为有 7 个甚至 8 个家庭成员。对于该村的被调研家庭，其家庭成员共有 171 个，其中属于贫困户的有 34 人，占比为 19.88%，非贫困户为 137 人，占比为 80.12%，说明该村的整体扶贫效果是很显著的，贫困人数呈现出骤然下降。以下按照指标来详细分析白石口村被调研家庭贫困户和非贫困户家庭成员的基本情况。

表 7-2　白石口村被调研家庭规模

单位：人，%

家庭成员数	频率	百分比	有效百分比	累计百分比
1	60	35.1	35.1	35.1
2	45	26.3	26.3	61.4
3	31	18.1	18.1	79.5
4	21	12.3	12.3	91.8
5	7	4.1	4.1	95.9
6	5	2.9	2.9	98.8
7	1	0.6	0.6	99.4
8	1	0.6	0.6	100.0
总计	171	100.0	100.0	

1. 文化程度

贫困户家庭成员文化水平一般为文盲、学龄前儿童和小学，占比达到了 85.3%，而且有高中以上文化水平的人员是缺失的，而非贫困户家庭成员的文化程度不仅呈现了向高学历上升的趋势，比如有的成员文化程度在中专（职高技校）、大专及以上等学历，而且文盲数占比要低于贫困户。

2. 主要社会身份

贫困户大多是普通农民，而非贫困户的主要社会身份呈现多元化且身份地位比较高，如村干部、离退休干部职工占比为 2.9%。

3. 当前健康状况

非贫困户的当前健康状况要远远优于贫困户，如非贫困户中，82.5% 是健康的，而贫困户中只有 47.1% 是健康的，不足一半。非贫困户中患有大病和身有残疾的只有 5.8%，患有长期慢性病是的 11.7%，而贫困户中有 26.5% 是残疾人，23.5% 是有长期慢性病的。这意味着白石口村的扶贫效果很明显，非贫困户的健康是较好的。

4. 劳动、自理能力

非贫困户中，超过一半的人是普通全劳动力，而贫困户只有约 1/3 的人是普通全劳动力。非贫困户中还存在技能劳动力，而贫困户中没有。在非贫困户中，无劳动能力但有自理能力的人只占 5.8%，而贫困户中占到 38.2%，甚至超过了普通全劳动力所占的比例。无自理能力的在非贫困户中占比也要小于贫困户的占比。

5. 在家时间

非贫困户和贫困户的在家时间为 3 个月以下的所占比例都很小，分别为 14.6% 和 8.8%。非贫困户和贫困户都是在家时间为 6~12 个月的占比比较大，分别为 75.9% 和 88.2%，这意味着白石口村的人口一年的大部分时间是在家的，故该村以农家院为发展路径在劳动力的时间上是可行的。

6. 务工状况

贫困户中，82.4% 是在家务农者、学生或者军人。非贫困户中，大约 1/3 在乡镇内务工，1/4 在家务农或者为学生、军人。贫困户和非贫困户在乡镇外务工不论是县内还是省外的占比都很小，所以这也意味着白石口村的劳动力在家时间是挺长的，外出务工的时间很短，所以该村发展乡村旅游比如农家院等在劳动力和劳动时间上是可行的。

7. 务工时间

贫困户中，在家务农的比例是最大的，但是非贫困户中外出务工的人口中务工时间在 6~12 个月的所占比例最大，3 个月以下和 3~6 个月的占比几乎差不多。这也意味着白石口村的旅游发展是指望不上务工人员的，只能靠在家务农的居民。

8. 外出务工的收入是否带回家

对于非贫困户来说，收入一般是带回家的，而贫困户带回与不带回的占比几乎相同（见表 7-3）。

从上面分析可以看出，白石口村非贫困户外出务工的占比是高于贫困户的，并且外出务工的时间也是比较长的，不过占比不是很大，而绝大部分在家的贫困户劳动能力很弱，残疾人和患有长期慢性病者占到了一半左右，所以在该村发展乡村旅游比如农家院等在劳动力和劳动时间上是可行的，但是要重视对贫困户中可用劳动力的安置，争取将劳动力的作用发挥到极致。由于外出务工的收入主要是带回家的，所以对于非贫困户，可以让家庭内不能外出务工的人员在乡村内发展，而让可以外出务工的成员尽量出去，从而为家庭带来更多的收入。

表 7-3　白石口村被调研家庭成员基本情况

单位：%

指标			非贫困户				贫困户			
			频率	百分比	有效百分比	累计百分比	频率	百分比	有效百分比	累计百分比
性别	有效	男	70	51.1	51.1	51.1	21	61.8	61.8	61.8
		女	67	48.9	48.9	100.0	13	38.2	38.2	100.0
		总计	137	100.0	100.0		34	100.0	100.0	
民族	有效	汉族	137	100.0	100.0	100.0	34	100.0	100.0	100.0
		总计	137	100.0	100.0		34	100.0	100.0	
文化程度	有效	缺失	11	8.0	8.0	8.0	1	2.9	2.9	2.9
		文盲	13	9.5	9.5	17.5	5	14.7	14.7	17.6
		小学	52	38.0	38.0	55.5	19	55.9	55.9	73.5
		初中	39	28.4	28.4	83.9	3	8.8	8.8	82.3
		高中	6	4.4	4.4	88.3	1	3.0	3.0	85.3
		中专（职高技校）	6	4.4	4.4	92.7	0	0	0	85.3
		大专及以上	9	6.6	6.6	99.3	0	0	0	85.3
		幼儿园	1	0.7	0.7	100.0	0	0	0	85.3
		学龄前儿童	0	0	0	100.0	5	14.7	14.7	100.0
		总计	137	100.0	100.0		34	100.0	100.0	
婚姻状况	有效	缺失	5	3.6	3.6	3.6	1	2.9	2.9	2.9
		已婚	75	54.7	54.7	58.3	13	38.3	38.3	41.2
		未婚	49	35.8	35.8	94.1	17	50.0	50.0	91.2
		离异	2	1.5	1.5	95.6	1	2.9	2.9	94.1
		丧偶	6	4.4	4.4	100.0	1	2.9	2.9	97.1
		同居	0	0	0	100.0	1	2.9	2.9	99.9
		总计	137	100.0	100.0		34	100.0	100.0	
主要社会身份	有效	缺失	5	3.6	3.6	3.6	1	2.9	2.9	2.9
		村干部	3	2.2	2.2	5.8	0	0	0	2.9
		离退休干部职工	1	0.7	0.7	6.6	0	0	0	2.9
		普通农民	116	84.7	84.7	91.2	31	91.2	91.2	94.1
		其他	12	8.8	8.8	100.0	2	5.9	5.9	100.0
		总计	137	100.0	100.0		34	100.0	100.0	
在校生状况	有效	缺失	20	14.6	14.6	14.6	1	2.9	2.9	2.9
		非在校	91	66.4	66.4	81.0	28	82.4	82.4	85.3
		学前教育	6	4.4	4.4	85.4	0	0	0	85.3
		小学	11	8.0	8.0	93.4	3	8.8	8.8	94.1
		初中	3	2.2	2.2	95.6	1	2.9	2.9	97.1
		高中	1	0.7	0.7	96.3	0	0	0	97.1
		中职/高职	2	1.5	1.5	97.8	1	2.9	2.9	100.0
		大专及以上	3	2.2	2.2	100.0	0	0	0	100.0
		总计	137	100.0	100.0		34	100.0	100.0	

指标		非贫困户				贫困户			
		频率	百分比	有效百分比	累计百分比	频率	百分比	有效百分比	累计百分比
当前健康状况	缺失	0	0	0	0	1	2.9	2.9	2.9
	有效 健康	113	82.5	82.5	82.5	16	47.1	47.1	50.0
	长期慢性病	16	11.7	11.7	94.2	8	23.5	23.5	73.5
	患有大病	1	0.7	0.7	94.9	0	0	0	73.5
	残疾	7	5.1	5.1	100.0	9	26.5	26.5	100.0
	总计	137	100.0	100.0		34	100.0	100.0	
2016年参加体检	缺失	0	0	0	0	2	5.9	5.9	5.9
	有效 是	40	29.2	29.2	29.2	9	26.5	26.5	32.4
	否	97	70.8	70.8	100.0	23	67.6	67.6	100.0
	总计	137	100.0	100.0		34	100.0	100.0	
劳动、自理能力	缺失	4	2.9	2.9	2.9	1	2.9	2.9	2.9
	有效 普通全劳动力	84	61.3	61.3	64.2	11	32.4	32.4	35.3
	技能劳动力	2	1.5	1.5	65.7	0	0	0	35.3
	部分丧失劳动力	9	6.6	6.6	72.3	2	5.9	5.9	41.2
	无劳动力但有自理能力	8	5.8	5.8	78.1	13	38.2	38.2	79.4
	无自理能力	4	2.9	2.9	81.0	2	5.9	5.9	85.3
	不适用（在校学生或不满16周岁）	26	19.0	19.0	100.0	5	14.7	14.7	100.0
	总计	137	100.0	100.0		34	100.0	100.0	
在家时间	缺失	3	2.2	2.2	2.2	1	2.9	2.9	2.9
	有效 3个月以下	20	14.6	14.6	16.8	3	8.8	8.8	11.8
	3~6个月	10	7.3	7.3	24.1	0	0	0	11.8
	6~12个月	104	75.9	75.9	100.0	30	88.2	88.2	100.0
	总计	137	100.0	100.0		34	100.0	100.0	
务工状况	缺失	39	28.5	28.5	28.5	1	2.9	2.9	2.9
	有效 乡镇内务工	41	29.9	29.9	58.4	2	5.9	5.9	8.8
	乡镇外县内务工	3	2.2	2.2	60.6	1	2.9	2.9	11.8
	县外省内务工	9	6.6	6.6	67.2	1	2.9	2.9	14.7
	省外务工	6	4.4	4.4	71.5	0	0	0	14.7
	其他（包括在家务农、学生、军人等情况）	34	24.8	24.8	96.4	28	82.4	82.4	97.1
	无	5	3.6	3.6	100.0	1	2.9	2.9	100.0
	总计	137	100.0	100.0		34	100.0	100.0	

指标		非贫困户				贫困户			
		频率	百分比	有效百分比	累计百分比	频率	百分比	有效百分比	累计百分比
务工时间	有效	缺失	68	49.6	49.6	49.6	1	2.9	2.9	2.9
		3个月以下	9	6.6	6.6	56.2	1	2.9	2.9	5.9
		3~6个月	10	7.3	7.3	63.5	1	2.9	2.9	8.8
		6~12个月	20	14.6	14.6	78.1	2	5.9	5.9	14.7
		无	30	21.9	21.9	100.0	29	85.3	85.3	100.0
		总计	137	100.0	100.0		34	100.0	100.0	
务工收入主要带回家	有效	缺失	77	56.2	56.2	56.2	1	2.9	2.9	2.9
		是	40	29.2	29.2	85.4	17	50.0	50.0	52.9
		否	18	13.1	13.1	98.5	16	47.1	47.1	100.0
		无	2	1.5	1.5	100.0	34	100.0	100.0	
		总计	137	100.0	100.0					

第二节　被调研家庭资源利用状况

一　被调研家庭住房状况

从表7-4可以看出，白石口村被调研家庭对当前住房的满意程度在一般及以上的均占到了一半以上，并且基本房子是自有的，非贫困户一般拥有1套房子，而贫困户有83.2%是拥有两套房子的。对于住房类型，非贫困户是平房和楼房两者兼有，而贫困户都是平房。住房的状况是贫困户和非贫困户几乎都没有危房，房屋状况良好。不过贫困户的住房建筑面积均为 40~85 平方米，而非贫困户的住房建筑面积为 40~320 平方米，而且 100 平方米以上的住房占到了 47.6%。在住房的基础设施方面，非贫困户的 42.9% 互联网已经入户，而贫困户只有 11.1% 实现互联网入户；非贫困户最主要的取暖措施的占比是炉子 > 炕 > 土暖气，贫困户是炉子 > 炕 = 土暖气。在住房的淋浴设施方面，非贫困户大约 57.1% 的住房没有淋浴设施，贫困户 77.8% 没有淋浴设施，非贫困户拥有电热水器、太阳能的占比是显著高于贫困户的。非贫困户和贫困户在住房方面均可发展与旅游相关的住宿业，前者住房面积大，可以将暂时不居住的房间提供给游客居住，后者是由于住房拥有量多，可以将长期不居住的房子用来发展住宿业。由于非贫困户相对贫困户来讲，住房的基础设施比较完备，如互联网入户，拥有太阳能、电热水器等，所以在住宿的价格方面，非贫困户可以平均高于贫困户。

表 7-4 白石口村被调研家庭的住房状况

单位：%

指标			非贫困户				贫困户			
			频率	百分比	有效百分比	累计百分比	频率	百分比	有效百分比	累计百分比
对当前住房状况的满意程度	有效	缺失	4	9.5	9.5	9.5	0	0	0	0
		非常满意	8	19.0	19.0	28.5	3	16.7	16.7	16.7
		比较满意	12	28.6	28.6	57.1	4	22.2	22.2	38.9
		一般	7	16.7	16.7	73.8	5	27.8	27.8	66.7
		不太满意	8	19.0	19.0	92.8	5	27.8	27.8	94.4
		很不满意	2	4.8	4.8	97.6	1	5.6	5.6	100.0
		无	1	2.4	2.4	100.0	0	0	0	100.0
		合计	42	100.0	100.0		18	100.0	100.0	

指标		非贫困户				贫困户			
		频率	百分比	有效百分比	累计百分比	频率	百分比	有效百分比	累计百分比
你家拥有几处住房	缺失	1	2.4	2.4	2.4	1	5.6	5.6	5.6
	有效 1	31	73.8	73.8	76.2	2	11.2	11.2	16.8
	有效 2	10	23.8	23.8	100.0	15	83.2	83.2	100.0
	合计	42	100.0	100.0		18	100.0	100.0	
住房来源	缺失	2	4.8	4.8	4.8	0	0	0	0
	有效 自有	40	95.2	95.2	100.0	14	77.8	77.8	77.8
	有效 借用/寄居	0	0	0	100.0	3	16.7	16.7	94.4
	有效 其他	0	0	0	100.0	1	5.6	5.6	100.0
	合计	42	100.0	100.0		18	100.0	100.0	
住房类型	缺失	2	4.8	4.8	4.8	0	0	0	0
	有效 平房	34	81.0	81.0	85.7	18	100.0	100.0	100.0
	有效 楼房	6	14.3	14.3	100.0	0	0.00	0	100.0
	合计	42	100.0	100.0		18	100.0	100.0	
住房状况	缺失	3	7.1	7.1	7.1	0	0	0	0
	有效 状况一般或良好	36	85.7	85.7	92.9	18	100.0	100.0	100.0
	有效 政府认定危房	3	7.1	7.1	100.0	0	0.00	0	100.0
	合计	42	100.0	100.0		18	100.0	100.0	
住房的建筑材料	缺失	2	4.8	4.8	4.8	0	0	0	0
	有效 竹草土坯	3	7.1	7.1	11.9	0	0	0	0
	有效 砖瓦砖木	19	45.2	45.2	57.1	6	33.3	33.3	33.3
	有效 砖混材料	10	23.8	23.8	81.0	8	44.4	44.4	77.8
	有效 钢筋混凝土	4	9.5	9.5	90.5	0	0	0	77.8
	有效 其他	4	9.5	9.5	100.0	4	22.2	22.2	100.0
	合计	42	100.0	100.0		18	100.0	100.0	

指标			非贫困户				贫困户			
			频率	百分比	有效百分比	累计百分比	频率	百分比	有效百分比	累计百分比
建筑面积	有效	缺失	1	2.4	2.4	2.4	1	5.6	5.6	5.6
		40	5	11.9	11.9	14.3	3	16.7	16.7	22.2
		40.5	1	2.4	2.4	16.7	3	16.7	16.7	38.9
		45	2	4.8	4.8	21.4	1	5.6	5.6	44.4
		50	2	4.8	4.8	26.2	1	5.6	5.6	50.0
		55	2	4.8	4.8	31.0	1	5.6	5.6	55.6
		60	2	4.8	4.8	35.7	2	11.1	11.1	66.7
		70	1	2.4	2.4	38.1	1	5.6	5.6	72.2
		78	1	2.4	2.4	40.5	1	5.6	5.6	77.8
		80	4	9.5	9.5	50.0	1	5.6	5.6	83.3
		85	1	2.4	2.4	52.4	3	16.7	16.7	100.0
		100	4	9.5	9.5	61.9				
		110	1	2.4	2.4	64.3				
		115	1	2.4	2.4	66.7				
		120	1	2.4	2.4	69.0				
		130	2	4.8	4.8	73.8				
		136.8	1	2.4	2.4	76.2				
		160	1	2.4	2.4	78.6				
		180	2	4.8	4.8	83.3				
		200	1	2.4	2.4	85.7				
		220	1	2.4	2.4	88.1				
		250	1	2.4	2.4	90.5				
		276	1	2.4	2.4	92.9				
		300	2	4.8	4.8	97.6				
		320	1	2.4	2.4	100.0				
		合计	42	100.0	100.0		18	100.0	100.0	
最主要的取暖设施	有效	缺失	3	7.1	7.1	7.1	0	0	0	0
		无	0	0	0	7.1	1	5.6	5.6	5.6
		炕	14	33.3	33.3	40.5	4	22.2	22.2	27.8
		炉子	18	42.9	42.9	83.3	9	50.0	50.0	77.8
		土暖气	6	14.3	14.3	97.6	4	22.2	22.2	100.0
		其他	1	2.4	2.4	100.0	0	0	0	100.0
		合计	42	100.0	100.0		18	100.0	100.0	

指标			非贫困户				贫困户			
			频率	百分比	有效百分比	累计百分比	频率	百分比	有效百分比	累计百分比
沐浴设施	有效	缺失	3	7.1	7.1	7.1	0	0	0	0
		无	24	57.1	57.1	64.3	14	77.8	77.8	77.8
		电热水器	5	11.9	11.9	76.2	2	11.1	11.1	88.9
		太阳能	7	16.7	16.7	92.9	1	5.6	5.6	94.4
		其他	3	7.1	7.1	100.0	1	5.6	5.6	100.0
		合计	42	100.0	100.0		18	100.0	100.0	
是否有互联网宽带	有效	缺失	3	7.1	7.1	7.1	0	0	0	0
		是	18	42.9	42.9	50.0	2	11.1	11.1	11.1
		否	21	50.0	50.0	100.0	16	88.9	88.9	100.0
		合计	42	100.0	100.0		18	100.0	100.0	

二 被调研家庭农业资源利用情况

从表 7-5 可以看出，白石口村被调研家庭的农业资源自有数量中，无论是非贫困户还是贫困户，均是旱地的自有面积是最多的，分别占比为 88.04% 和 94.5%。本节对贫困户和非贫困户家庭的旱地自有数量分布及利用情况进行了详细分析，如图 7-1、图 7-2 所示。在旱地自有面积方面，非贫困户的旱地自有面积平均为 2.74 亩，其中 69% 是在 3 亩以下，88.1% 是在 5 亩之下，仅有 11.9% 是在 5~12 亩，而贫困户的旱地自有面积相对非贫困户是显著缺少的，平均只有 1.91 亩，而其中 55.6% 的家庭是处于平均水平之下的，并且有 33.3% 的家庭是没有旱地的，94.4% 是在 5 亩之下。对于经营面积，非贫困户和贫困户家庭的旱地经营面积都很小，分别平均只有

0.4 亩和 0.19 亩，均不足平均旱地自有面积的 1/5，这意味着白石口村大量的土地处于荒废状态。因此，政府部门在制定白石口村相关的精准扶贫政策方面可以考虑对未被利用的土地进行经济可行、技术可行的规划，助力该村的全面脱贫。

表 7-5　白石口村被调研家庭的农业资源自有情况

单位：亩，%

农业资源种类	非贫困户		贫困户	
	数量	占比	数量	占比
有效灌溉耕地	0	0.00	2	5.50
旱地	110.4	88.04	34.36	94.50
园地	8	6.38	0	0.00
林地	7	5.58	0	0.00
牧草地	0	0.00	0	0.00
养殖水面	0	0.00	0	0.00
养殖设施用地	0	0.00	0	0.00

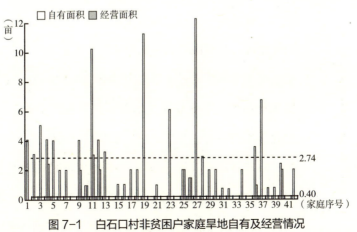

图 7-1　白石口村非贫困户家庭旱地自有及经营情况

注：图中的横向断点虚线、直线代表非贫困户家庭旱地的平均自有面积与平均经营面积。

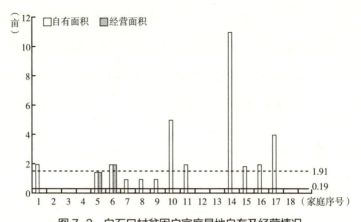

图 7-2　白石口村贫困户家庭旱地自有及经营情况

注：图中的横向断点虚线、直线代表非贫困户家庭旱地的平均自有面积与平均经营
面积。

三　被调研家庭能源使用状况

（一）被调研家庭能源使用状况

从表 7-6 可以看出，在能源的总体使用方面，白石口村
被调研家庭中非贫困户主要使用的是电、煤炭等能源，而贫
困户主要是电、秸秆和煤炭，不过对于蜂窝煤、天然气、汽
油等能源，非贫困户和贫困户家庭基本上是不使用的，而在
炊事用能方面，前者主要使用柴草、煤炭和电，后者主要使
用柴草和电。对于煤炭，非贫困户和贫困户家庭只有少数
家庭是不使用的，并且贫困户家庭的使用量都是在 5 吨以下
的，而非贫困户家庭中超过 70% 的家庭使用量是小于 5 吨
的，16.67% 是使用 5 吨 ~10 吨的，甚至有一个家庭是使用
10 吨以上的。从与购买点的距离来看，非贫困户家庭的 40%
是在 10~20 公里，约 1/2 是小于 5 公里和 5~10 公里的，只

表7-6 白石口村被调研家庭的能源使用情况

单位：%

		非贫困户					贫困户				
指标		指标	频率	百分比	有效百分比	累积百分比	指标	频率	百分比	有效百分比	累积百分比
使用煤炭数量（吨）	有效	0	2	4.76	4.76	4.76	0	4	22.22	22.22	22.22
		<5（不含0）	32	76.19	76.19	80.95	<5（不含0）	14	77.78	77.78	100.00
		5~10	7	16.67	16.67	97.62	5~10	0	0.00	0.00	100.00
		>10	1	2.38	2.38	100.00	>10	0	0.00	0.00	100.00
		合计	42	100.00	100.00		合计	18	100.00	100.00	
使用蜂窝煤数量（块）	有效	0	41	97.62	97.62	97.62	0	18	100.00	100.00	100.00
		30.00	1	2.38	2.38	100.00	合计	18	100.00	100.00	
		合计	42	100.00	100.00						
使用电数量（度）	有效	0	5	11.90	11.90	11.90	0	6	33.3	33.33	33.33
		<1000（不含0）	8	19.05	19.05	30.95	<1000（不含0）	8	44.4	44.44	77.77
		1000~2000	24	57.14	57.14	88.10	1000~2000	3	16.7	16.67	94.44
		>2000	5	11.90	11.90	100.00	>2000	1	5.6	5.56	100
		合计	42	100.00	100.00		合计	18	100.00	100.00	

指标	非贫困户						贫困户					
		指标	频率	百分比	有效百分比	累积百分比		指标	频率	百分比	有效百分比	累积百分比
使用天然气（方）	有效	0	42	100.00	100.00	100.00	有效	0	18	100.00	100.00	100.00
使用煤气（罐）	有效	0	31	73.81	73.81	73.81	有效	0	16	88.89	88.89	88.89
		0.50	1	2.38	2.38	76.19		2	1	5.56	5.56	94.44
		2	3	7.14	7.14	83.33		3	1	5.56	5.56	100.00
		5	2	4.76	4.76	88.10		合计	18	100.00	100.00	
		10	1	2.38	2.38	90.48						
		12	3	7.14	7.14	97.62						
		70	1	2.38	2.38	100.00						
		合计	42	100.00	100.00							
使用薪柴（公斤）	有效	0	24	57.14	57.14	57.14	有效	0	11	61.11	61.11	61.11
		<1000（不含0）	5	11.90	11.90	69.05		<1000（不含0）	3	16.67	16.67	77.78
		1000~2000	9	21.43	21.43	90.48		1000~2000	3	16.67	16.67	94.44
		>2000	4	9.52	9.52	100.00		>2000	1	5.56	5.56	100.00
		合计	42	100.00	100.00			合计	18	100.00	100.00	

非贫困户

指标			频率	百分比	有效百分比	累积百分比
使用秸秆 （公斤）	有效	0	25	59.52	59.52	59.52
		<1000（不含0）	7	16.67	16.67	76.19
		1000~2000	8	19.05	19.05	95.24
		>2000	2	4.76	4.76	100.00
		合计	42	100.00	100.00	
使用汽油 （升）	有效	0	38	90.48	90.48	90.48
		80	1	2.38	2.38	92.86
		800	2	4.76	4.76	97.62
		960	1	2.38	2.38	100.00
		合计	42	100.00	100.00	
家庭住址 与煤炭购 买点距离 （公里）	有效	<5	11	26.19	26.19	26.19
		5~10	12	28.57	28.57	54.76
		10~20（不含10）	17	40.48	40.48	95.24
		>20	2	4.76	4.76	100.00
		合计	42	100.00	100.00	

贫困户

指标		频率	百分比	有效百分比	累积百分比
有效	0	6	33.33	33.33	33.33
	<1000（不含0）	2	11.11	11.11	44.44
	1000~2000	9	50.00	50.00	94.44
	>2000	1	5.56	5.56	100.00
	合计	18	100.00	100.00	
有效	0	17	94.44	94.44	94.44
	1	1	5.56	5.56	100.00
	合计	18	100.00	100.00	
有效	<5	4	22.22	22.22	22.22
	5~10	8	44.44	44.44	66.67
	10~20（不含10）	6	33.33	33.33	100.00
	>20	0	0.00	0.00	100.00
	合计	18	100.00	100.00	

最主要炊事用能源	指标	非贫困户				贫困户			
有效		频率	百分比	有效百分比	累积百分比	频率	百分比	有效百分比	累积百分比
		3	7.14	7.14	7.14	0	0	0	0
	柴草	25	59.52	59.52	66.66	10	55.56	55.56	55.56
	煤炭	5	11.90	11.90	78.56	1	5.56	5.56	61.13
	灌装液化石油气	3	7.14	7.14	85.7	1	5.56	5.56	66.69
	管道液化石油气	1	2.38	2.38	88.09	0	0	0	66.69
	电	4	9.52	9.52	97.61	6	33.3	33.3	100.0
	燃料用油	1	2.38	2.38	100.0	0	0	0	100.0
	合计	42	100.0	100.0		18	100.0	100.0	

有约5%的家庭是大于20公里的，而贫困户家庭比非贫困家庭离购买点稍微近一点，有44.44%是在5~10公里的，大于20公里是没有的。对于电，非贫困户家庭中不使用电和使用量小于1000度的家庭所占比例很小，只有约1/3，而有57.14%的非贫困户家庭使用量在1000~2000度，并且使用量在2000度以上的家庭也有11.9%的占比，但是贫困户家庭中不使用电的占比很大，约为1/3，并且使用量在1000度以下的占比为44.4%，而使用量为1000~2000度的很少，只有16.7%，使用量在2000度以上的更少，只有一个家庭。对于煤气的使用，非贫困户和贫困户家庭中不使用煤气的家庭分别占到了73.81%、88.89%，剩下的使用煤气的家庭的用量也很少，一般少于5罐。对于薪柴，非贫困户和贫困户家庭中不使用的比例均占到了50%以上，而非贫困户家庭有约16.67%是使用1000~2000公斤，使用量大于2000公斤的家庭很少，不足10%。对于秸秆，非贫困户家庭中约60%是不使用的，有35%是使用量在2000公斤以下的，而贫困户家庭有约1/3是不使用的，有50%是使用量在1000~2000公斤。对于汽油，非贫困户和贫困户家庭中均有超过90%的家庭是不使用的。

（二）被调研家庭能源选择状况

从表7-7可以看出，贫困户家庭不仅近五年的人均能源消费量几乎没有变化，而且90%以上的家庭没有使用可再生能源，相对来说，非贫困户家庭中有近一半的家庭是有能源消费的增加的，有一半的家庭使用了可再生能源，而且使用的可再生能源主要为太阳能。而对于能源的选择，若每一项选择如市场价格、便捷性、污染、媒体宣传等以选项非常重要的数据为依据，按照重要程度来排序，非贫困户家庭对能源选择的排序为市场价格＞政府补贴＞使用的快捷性＞售后服务＝近邻使用＞使用的污染程度＞简单易学＝购买便利＞废气污染＝媒体宣传，贫困户家庭的选择排序是市场价格＞政府补贴＞使用的快捷性＝废气污染＝简单易学＝售后服务＝近邻使用＞使用污染程度＝购买便利＝媒体宣传，因此，对于能源的选择，无论是非贫困户家庭还是贫困户家庭，觉得非常重要的仍然是能源的市场价格和政府补贴，而对于能源在使用中是否存在污染以及废气污染等不是很重视。

表7-7　白石口村被调研家庭的能源选择状况

单位：%

指标			非贫困户				贫困户			
			频率	百分比	有效百分比	累积百分比	频率	百分比	有效百分比	累积百分比
近五年人均能源消费有无增加	有效	无	22	52.4	52.4	52.4	15	83.3	83.3	83.3
		有	20	47.6	47.6	100.0	3	16.7	16.7	100.0
		合计	42	100.0	100.0		18	100.0	100.0	
近五年有无使用可再生能源	有效	无	21	50.0	50.0	50.0	17	94.4	94.4	94.4
		有	21	50.0	50.0	100.0	1	5.6	5.6	100.0
		合计	42	100.0	100.0		18	100.0	100.0	
能源的市场价格	有效	不重要	0	0	0	0	1	5.6	5.6	5.6
		非常重要	21	50.0	50.0	50.0	4	22.2	22.2	27.8
		一般	14	33.3	33.3	83.3	4	22.2	22.2	50.0
		重要	7	16.7	16.7	100.0	9	50.0	50.0	100.0
		合计	42	100.0	100.0		18	100.0	100.0	
能源使用是否快捷、维护简单	有效	不重要	7	16.7	16.7	16.7	2	11.1	11.1	11.1
		非常重要	6	14.3	14.3	31.0	1	5.6	5.6	16.7
		一般	14	33.3	33.3	64.3	4	22.2	22.2	38.9
		重要	15	35.7	35.7	100.0	11	61.1	61.1	100.0
		合计	42	100.0	100.0		18	100.0	100.0	

指标		非贫困户				贫困户			
		频率	百分比	有效百分比	累积百分比	频率	百分比	有效百分比	累积百分比
能源使用是否清洁卫生、室内污染小	不重要	11	26.2	26.2	26.2	3	16.7	16.7	16.7
	非常重要	4	9.5	9.5	35.7	0	0	0	16.7
	有效 一般	13	31.0	31.0	66.7	7	38.9	38.9	55.6
	重要	14	33.3	33.3	100.0	8	44.4	44.4	100.0
	合计	42	100.0	100.0		18	100.0	100.0	
废气废渣排放量是否少、环境污染小	不重要	10	23.8	23.8	23.8	3	16.7	16.7	16.7
	非常重要	1	2.4	2.4	26.2	1	5.6	5.6	22.3
	有效 一般	13	31.0	31.0	57.1	6	33.3	33.3	55.6
	重要	18	42.9	42.9	100.0	8	44.4	44.4	100.0
	合计	42	100.0	100.0		18	100.0	100.0	
能源设备的使用方法是否简单易学	不重要	8	19.0	19.0	19.0	3	16.7	16.7	16.7
	非常重要	3	7.1	7.1	26.1	1	5.6	5.6	22.2
	有效 一般	13	31.0	31.0	57.1	4	22.2	22.2	44.4
	重要	18	42.9	42.9	100.0	10	55.6	55.6	100.0
	合计	42	100.0	100.0		18	100.0	100.0	
采集、购买能源的交通便利性	不重要	8	19.0	19.0	19.0	3	16.7	16.7	16.7
	非常重要	3	7.1	7.1	26.2	0	0	0	16.7
	有效 一般	18	42.9	42.9	69.0	4	22.2	22.2	38.9
	重要	13	31.0	31.0	100.0	11	61.1	61.1	100.0
	合计	42	100.0	100.0		18	100.0	100.0	
媒体对能源使用的宣传、教育	不重要	12	28.6	28.6	28.6	3	16.7	16.7	16.7
	非常重要	1	2.4	2.4	31.0	0	0	0	16.7
	有效 一般	15	35.7	35.7	66.7	7	38.9	38.9	55.6
	重要	14	33.3	33.3	100.0	8	44.4	44.4	100.0
	合计	42	100.0	100.0		18	100.0	100.0	
政府或企业能提供能源设备使用的技术支持和售后服务是否周全	不重要	9	21.4	21.4	21.4	2	11.1	11.1	11.1
	非常重要	5	11.9	11.9	33.3	1	5.6	5.6	16.7
	有效 一般	17	40.5	40.5	73.8	5	27.8	27.8	44.4
	重要	11	26.2	26.2	100.0	10	55.6	55.6	100.0
	合计	42	100.0	100.0		18	100.0	100.0	

指标			非贫困户				贫困户			
			频率	百分比	有效百分比	累积百分比	频率	百分比	有效百分比	累积百分比
政府给予资金补贴	有效	不重要	5	11.9	11.9	11.9	2	11.1	11.1	11.1
		非常重要	12	28.6	28.6	40.5	3	16.7	16.7	27.8
		一般	5	11.9	11.9	52.4	2	11.1	11.1	38.9
		重要	20	47.6	47.6	100.0	11	61.1	61.1	100.0
		合计	42	100.0	100.0		18	100.0	100.0	
邻居、亲戚或朋友使用的能源类型	有效	不重要	13	31.0	31.0	31.0	3	16.7	16.7	16.7
		非常重要	5	11.9	11.9	42.9	1	5.6	5.6	22.2
		一般	11	26.2	26.2	69.0	3	16.7	16.7	38.9
		重要	13	31.0	31.0	100.0	11	61.1	61.1	100.0
		合计	42	100.0	100.0		18	100.0	100.0	

第三节　被调研家庭生活状况

一　被调研家庭收入与支出状况

2016 年非贫困户的年平均纯收入为 22431.75 元（见图 7-3），其年平均总支出为 16136.4 元（见图 7-7），贫困户的年平均纯收入为 8209.27 元（见图 7-4），其年平均总支出为 8630.56 元（见图 7-8），而河北省保定市目前最低工资标准为每月 1650 元，这表示每人的年工资为19800元，^①这意味着非贫困户的年平均纯收入已经达到并且超过保定市的最低工资标准，而贫困户显著低于最低工资标准。非贫困户家庭中的工资性收入（见表7-8），57.1%的家庭是低于10000元的，23.8%的家庭是10000~20000元，7.1%的家庭是20000~30000元，11.9%的家庭是30000~40000元，而贫困户中83.3%的家庭是低于10000元的，而10000~20000元的只有11.1%，很显然非贫困户家庭的工资性收入是显著高于贫困户家庭的。在农业经营方面的收入（见表7-8），非贫困户和贫困户家庭中均有超过70%的家庭是低于1000元的，而且即使是非贫困户家庭最多也不会超过5000元，造成这种情况的很大的原因在于这些家庭完全没有农业方面的机械设备（见表7-9）。相对应地，农业经营的支出也不会很多，非贫困户和贫困户中的大多数农业经营支出小于500元。在非农业经营收入方面（见表7-8），贫困户由于身体等各种原因收入相对较少，而非贫困户家庭的非农业经营收入显著高于农业经营收入，有76.2%的非贫困户家庭非农业收入低于20000元，20000~40000元占比11.9%，大于40000元占比11.9%。在收入其他方面（见图7-5、图7-6），非贫困户家庭主要是财产性收入，占比为48.77%，其次是救济、农业及其他等补贴性收入和养老金、离退休金收入，而低保金收入、报销医疗费、赡养性收入、礼金收入的占比小，总共仅有

---

① 《保定市区7月1日起上调最低工资标准为每月1650元》，网易河北频道，2016年7月1日，https://hebei.news.163.com/16/0701/11/BQSS06F202791DOK.html。

9.76%。而贫困户家庭的其他收入主要是低保金收入，其次是养老金、离退休金收入，然后是救济、农业及其他等补贴性收入，最后是财产性收入、礼金收入、赡养性收入，仅为12.91%。在其他支出方面（见图7-9、图7-10），非贫困户家庭占比例最大的为食品支出，其次是教育总支出，然后是礼金支出和报销后医疗总支出，最后为养老保险费和合作医疗保险费。而贫困户家庭最主要的支出是报销后医疗总支出，占比为53.85%，其次才

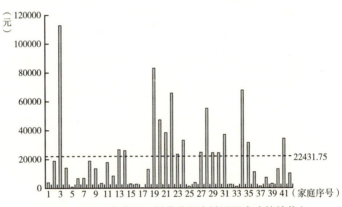

图7-3　2016年白石口村非贫困户被调研家庭的纯收入

注：图中横向的虚线是非贫困户被调研家庭的年平均收入。

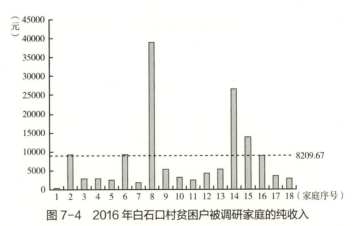

图7-4　2016年白石口村贫困户被调研家庭的纯收入

注：图中横向的虚线是贫困户被调研家庭的平均收入。

单位：元，%

表7-8 白石口村被调研家庭的收入和支出情况

指标			非贫困户 频率	百分比	有效百分比	累积百分比	指标	贫困户 频率	百分比	有效百分比	累积百分比
工资性收入	有效	<10000	24	57.1	57.1	57.1	<10000	15	83.3	83.3	83.3
		10000~20000	10	23.8	23.8	81.0	10000~20000	2	11.1	11.1	94.4
		20000~30000	3	7.1	7.1	88.1	>20000	1	5.6	5.6	100.0
		30000~40000	5	11.9	11.9	100.0	合计	18	100.0	100.0	
		合计	42	100.0	100.0						
农业经营收入	有效	<1000	30	71.4	71.4	71.4	<1000	13	72.2	72.2	72.2
		1000~2000	7	16.7	16.7	88.1	1000~2000	4	22.2	22.2	94.4
		2000~3000	4	9.5	9.5	97.6	>2000	1	5.6	5.6	100.0
		3000~4000	1	2.4	2.4	100.0	合计	18	100.0	100.0	
		合计	42	100.0	100.0						

项目		非贫困户 指标	频率	百分比	有效百分比	累积百分比	贫困户 指标	频率	百分比	有效百分比	累积百分比
农业经营支出	有效	<500	33	78.6	78.6	78.6	<500	17	94.4	94.4	94.4
		500~1000	8	19.0	19.0	97.6	>500	1	5.6	5.6	100.0
		>1000	1	2.4	2.4	100.0	合计	18	100.0	100.0	
		合计	42	100.0	100.0						
非农业经营收入	有效	<20000	32	76.2	76.2	76.2	<500	10	55.6	55.6	55.6
		20000~40000	5	11.9	11.9	88.1	500~1000	2	11.1	11.1	66.7
		>40000	5	11.9	11.9	100.0	>1000	6	33.3	33.3	100.0
		合计	42	100.0	100.0		合计	18	100.0	100.0	
非农业经营支出	有效	<20000	36	85.7	85.7	85.7	0	18	100.0	100.0	100.0
		20000~40000	5	11.9	11.9	97.6	合计	18	100.0	100.0	
		>40000	1	2.4	2.4	100.0					
		合计	42	100.0	100.0						

是食品支出，这意味着医疗方面的支出是加重贫困户经济负担的主要源头，最后是教育支出和礼金支出，没有养老保险费和合作医疗保险费支出。

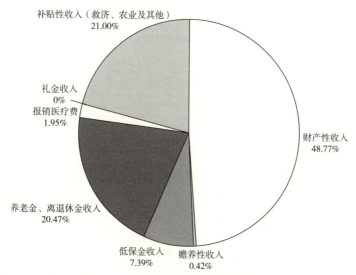

图 7-5　白石口村非贫困家庭的其他收入

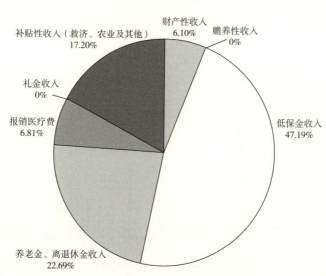

图 7-6　白石口村贫困户家庭的其他收入

表7-9 白石口村被调研家庭的农业机械设备情况

单位：个，%

指标	非贫困户					贫困户				
	数量	频率	百分比	有效百分比	累积百分比	数量	频率	百分比	有效百分比	累积百分比
拖拉机	缺失	32	76.2	76.2	76.2	缺失	15	83.3	83.3	83.3
	0	10	23.8	23.8	100.0	0	3	16.7	16.7	100.0
	合计	42	100.0	100.0		合计	18	100.0	100.0	
耕作机械	缺失	32	76.2	76.2	76.2	缺失	15	83.3	83.3	83.3
	0	10	23.8	23.8	100.0	0	3	16.7	16.7	100.0
	合计	42	100.0	100.0		合计	18	100.0	100.0	
播种机	缺失	32	76.2	76.2	76.2	缺失	15	83.3	83.3	83.3
	0	10	23.8	23.8	100.0	0	3	16.7	16.7	100.0
	合计	42	100.0	100.0		合计	18	100.0	100.0	
收割机	缺失	32	76.2	76.2	76.2	缺失	15	83.3	83.3	83.3
	0	10	23.8	23.8	100.0	0	3	16.7	16.7	100.0
	合计	42	100.0	100.0		合计	18	100.0	100.0	
其他农业机械设施	缺失	32	76.2	76.2	76.2	缺失	15	83.3	83.3	83.3
	0	10	23.8	23.8	100.0	0	3	16.7	16.7	100.0
	合计	42	100.0	100.0		合计	18	100.0	100.0	

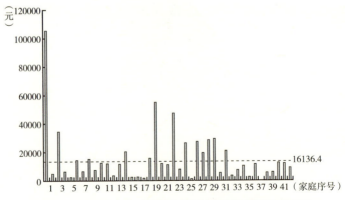

图 7-7　2016年白石口村非贫困户被调研家庭的总支出

注：图中横向的虚线是非贫困户被调研家庭的平均支出。

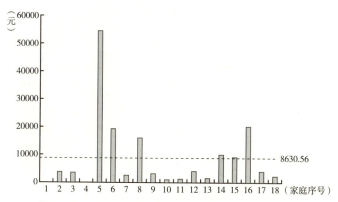

图 7-8　2016 年白石口村贫困户被调研家庭的总支出

注：图中横向的虚线是贫困户被调研家庭的平均支出。

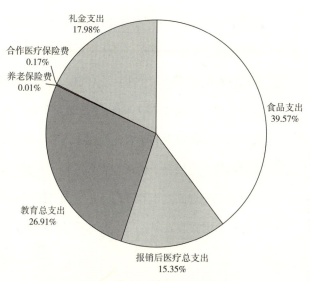

图 7-9　白石口村非贫困户家庭的其他支出

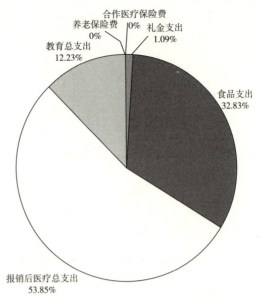

合作医疗保险费
0%

养老保险费
0%

礼金支出
1.09%

教育总支出
12.23%

食品支出
32.83%

报销后医疗总支出
53.85%

图 7-10　白石口村贫困户家庭的其他支出

因此，在收入和支出方面，非贫困户家庭和贫困户家庭的差距是很显著的。一方面，2016年非贫困户家庭的年平均纯收入显著高于贫困户家庭，具体来说前者不仅有较高的工资性收入和非农业经营收入，并且还有很大一部分的财产性收入，而后者不仅由于农业相关机械设备的完全缺失农业经营收入很低，而且只有很少的非农业经营收入和工资性收入，并且其他方面的收入要依赖于低保金收入。另一方面，非贫困户家庭的支出主要是食品支出和教育支出，而贫困户家庭由于身体等各方面的原因，收入超过一半支付了报销后医疗总支出。

二　被调研家庭健康状况

从表7-10可以看出，非贫困户家庭中全部成员健康的家庭占比为47.6%，而贫困户只有28%，这意味着被调研家庭的家庭成员的健康状况大部分不是很好，并且后者不健康人数占比要显著高于前者，被调研家庭的不健康成员患有长期慢性病或身有残疾等。对于被调研家庭不健康成员所患疾病对生活的影响（见表7-11），非贫困户和贫困户家庭中均超过55%的人是患有严重疾病的，而且有69.4%的非贫困户家庭中的行走是没有问题的，只有16.7%是影响行走的。但贫困户的情况却比较严重，只有不足一半的人员是没有行走问题的，而35.3%的人员是行走有点问题甚至是有些问题的，甚至17.7%的人员是影响行走的。在洗漱或穿衣方面，非贫困户家庭中86.1%是没问题的，而贫困户家庭中只有52.9%是没问题的，甚至有23.5%是不能洗漱或穿衣的。在身体是否有疼痛或不适方面，在非贫困户家庭中，有22.2%身体是正常的，55.6%身体是有一点或一些疼痛的，而贫困户中所有人身体都有疼痛或不适，其中82.4%是有一点或一些疼痛，17.6%有挺严重的身体不适。在是否感觉到焦虑或压抑方面，非贫困户家庭中有38.9%是没有问题的，而贫困户只有5.9%即一个人是没有问题的，有一点或有一些焦虑的占比竟达到了76.4%。因此，在被调研家庭的健康方面，非贫困户和贫困户的健康均不是特别好，而且后者的不健康性要显著更强，并且不健康人员所患疾病均为短期难以治愈的，这样不仅会导致能提供的劳动力严重不足，而且这些人不能从事劳动压力过大的劳动活动，所能从事的劳动类型非常有限，进而导致家庭贫困且难以脱贫。

表 7-10　白石口村被调研家庭的不健康人数及患病种类

单位：人，%

指标			频率	百分比	有效百分比	累积百分比	指标			频率	百分比	有效百分比	累积百分比
			非贫困户							**贫困户**			
家中不健康人数	有效	0	20	47.6	47.6	47.6	有效	0	5	27.8	27.8	27.8
		1	16	38.1	38.1	85.7		1	10	55.6	55.6	83.4
		2	4	9.5	9.5	95.2		2	2	11.1	11.1	94.5
		3	2	4.8	4.8	100.0		3	1	5.6	5.6	100
		合计	42	100.0	100.0			合计	18	100	100	
患有何种疾	有效	残疾	3	11.5	11.5	11.5	有效	半身不遂	1	5.9	5.9	5.9
		长期慢性病	2	7.7	7.7	19.2		残疾	3	17.6	17.6	23.5
		高血压	1	3.8	3.8	23.0		长期慢性病	3	17.6	17.6	41.2
		股骨头坏死	1	3.8	3.8	26.8		肺病	1	5.9	5.9	47.1
		脑血栓	1	3.8	3.8	30.6		高血压	1	5.9	5.9	52.9
		手残	1	3.8	3.8	34.4		脚有残疾	1	5.9	5.9	58.8
		糖尿病	1	3.8	3.8	38.2		脑残疾	1	5.9	5.9	64.7
		痛风	1	3.8	3.8	42.0		脑出血	1	5.9	5.9	70.6
		腿风湿	1	3.8	3.8	45.8		脑血管疾病	1	5.9	5.9	76.5
		腿骨折	1	3.8	3.8	49.6		脑血栓	1	5.9	5.9	82.4
		肺病	1	3.8	3.8	53.4		三级残疾	1	5.9	5.9	88.2
		哮喘	1	3.8	3.8	57.2		心脏病	1	5.9	5.9	94.1
		心肌缺血	1	3.8	3.8	61.0		抑郁症	1	5.9	5.9	100.0
		心脏病	3	11.5	11.5	72.5		合计	17	100.0	100.0	
		腰肩盘突出	1	3.8	3.8	76.3							
		腰疼	1	3.8	3.8	80.1							
		腰椎病	1	3.8	3.8	83.9							
		抑郁症	3	11.5	11.5	95.4							
		智障	1	3.8	3.8	100.0							
		合计	26	100.0	100.0								

表 7-11　白石口村被调研家庭的不健康程度

单位：%

指标			非贫困户				贫困户			
			频率	百分比	有效百分比	累积百分比	频率	百分比	有效百分比	累积百分比
所患疾病的严重程度	有效	一般	12	44.4	44.4	44.4	6	35.3	35.3	35.3
		严重	15	55.6	55.6	100.0	11	64.7	64.7	100.0
		合计	27	100.0	100.0		17	100.0	100.0	
现在行走方便程度	有效	没问题	25	69.4	69.4	69.4	8	47.1	47.1	47.1
		有点问题	4	11.1	11.1	80.6	2	11.8	11.8	58.8
		有些问题	1	2.8	2.8	83.3	4	23.5	23.5	82.4
		有严重问题	5	13.9	13.9	97.2	1	5.9	5.9	88.2
		不能行走	1	2.8	2.8	100.0	2	11.8	11.8	100.0
		合计	36	100.0	100.0		17	100.0	100.0	
在洗漱或穿衣等方面是否可以照顾自己	有效	没问题	31	86.1	86.1	86.1	9	52.9	52.9	52.9
		有点问题	3	8.3	8.3	94.4	3	17.6	17.6	70.6
		有些问题	1	2.8	2.8	97.2	0	0	0	70.6
		有严重问题	0	0	0	97.2	1	5.9	5.9	76.5
		不能洗漱或穿衣	1	2.8	2.8	100.0	4	23.5	23.5	100.0
		合计	36	100.0	100.0		17	100.0	100.0	
日常生活的方便程度	有效	没问题	22	61.1	61.1	61.1	4	23.5	23.5	23.5
		有点问题	8	22.2	22.2	83.3	9	52.9	52.9	76.5
		有些问题	2	5.6	5.6	88.9				
		有严重问题	3	8.3	8.3	97.2	2	11.8	11.8	88.2
		不能进行任何活动	1	2.8	2.8	100.0	2	11.8	11.8	100.0
		合计	36	100.0	100.0		17	100.0	100.0	

指标		非贫困户				贫困户			
		频率	百分比	有效百分比	累积百分比	频率	百分比	有效百分比	累积百分比
身体是否有疼痛或不适	有效								
	没有	8	22.2	22.2	22.2	0	0	0	0
	有一点	11	30.6	30.6	52.8	6	35.3	35.3	35.3
	有一些	9	25.0	25.0	77.8	8	47.1	47.1	82.4
	挺严重	4	11.1	11.1	88.9	3	17.6	17.6	100.0
	非常严重	4	11.1	11.1	100.0	0	0	0	100.0
	合计	36	100.0	100.0		17	100.0	100.0	
是否感到焦虑或压抑	有效								
	没有	14	38.9	38.9	38.9	1	5.9	5.9	5.9
	有一点	8	22.2	22.2	61.1	10	58.8	58.8	64.7
	有一些	4	11.1	11.1	72.2	3	17.6	17.6	82.4
	挺严重	4	11.1	11.1	83.3	3	17.6	17.6	100.0
	非常严重	6	16.7	16.7	100.0	0	0	0	100.0
	合计	36	100.0	100.0		17	100.0	100.0	

三　被调研家庭安全保障状况

从表7-12可以看出，白石口村的安全保障较好，不论被调研家庭是非贫困户还是贫困户，均有超过90%的家庭没有遇到过意外事故、偷抢等公共安全问题以及遭受过自然灾害，并且在天黑时一个人走路觉得非常安全和比较安全的达到了97.6%和100%。这也为白石口村发展乡村旅游提供了安全保障，有助于该村乡村旅游经济的持续稳定发展。

表 7-12　白石口村被调研家庭的安全保障状况

单位：%

指标			非贫困户				指标		贫困户			
			频率	百分比	有效百分比	累积百分比			频率	百分比	有效百分比	累积百分比
是否遭受意外事故	有效	是	2	4.8	4.8	4.8	有效	缺失	1	5.6	5.6	5.6
		否	40	95.2	95.2	100.0		否	17	94.4	94.4	100.0
		合计	42	100.0	100.0			合计	18	100.0	100.0	
是否遇到偷抢等公共安全问题	有效	是	1	2.4	2.4	2.4	有效	缺失	1	5.6	5.6	5.6
		否	41	97.6	97.6	100.0		否	17	94.4	100.0	100.0
		合计	42	100.0	100.0			合计	18	100.0		
是否发生自然灾害	有效	是	0	0	0	0	有效	缺失	1	5.6	5.6	5.6
		否	42	100.0	100.0	100.0		否	17	94.4	100.0	100.0
		合计	42	100.0	100.0			合计	18	100.0		
天黑一个人走路，觉得的安全程度	有效	非常安全	20	47.6	47.6	47.6	有效	1	11	61.1	61.1	61.1
		比较安全	21	50	50	97.6		2	7	38.9	38.9	100
		有点不安全	1	2.4	2.4	100		合计	18	100	100	
		合计	42	100	100							

四　被调研家庭时间利用状况

从表 7-13 来看，在平常多数时间里，非贫困户家庭中 64.3% 是属于忙得正常及以上程度，而贫困户家庭中正常及以上的仅有 1/3，不忙是占最大比例的，达到了 44.4%，一点不忙的比例也很大，为 22.2%，这表明贫困户闲余时间较少。而在业余时间方面，非贫困户家庭的主要活动是看电视，占比为35.7%，其次是社会交往和做家务，而什么也不做的占比不到5%，休息也仅占7.1%，并且相比贫困户家庭，非贫困户家庭的活动要更加多元化，如会进行社会交往、看电视、参加文娱体育活动等，而贫困户则完全不会，有38.9%的贫困户家庭业余时间的主要活动是上网以及22.2%的家庭什么也不做。非贫困户家庭和贫困户家庭平均每天看电视和休息的时间都很短，如在平均每天看电视时间方面，非贫困户和贫困户家庭超过80%的比例是小于5小时的，贫困户甚至达到了94.4%。平均每天睡觉时间，非贫困户家庭和贫困户家庭均是在10小时之内，并且前者的97.6%是5~10小时，而贫困户家庭中小于5小时的占1/3，5~10小时的占2/3。因此，从被调研家庭的时间利用方面来看，白石口村非贫困户家庭要比贫困户家庭忙得多，而且在业余时间，无论是非贫困户家庭还是贫困户家庭，他们均把时间应用在日常一般活动中，如看电视、上网等，这意味着时间的利用效率不是很高。所以白石口村的村民尤其是贫困户家庭是有相当充裕的时间致力于当地旅游以及其他扶贫项目的发展，从而使他们能够更早更快更高质量地脱贫。

表 7-13　白石口村被调研家庭的时间利用状况

单位：%

指标		非贫困户				贫困户			
		频率	百分比	有效百分比	累积百分比	频率	百分比	有效百分比	累积百分比
平常多数时间里是不是很忙	有效 是的	11	26.2	26.2	26.2	2	11.1	11.1	11.1
	有点，还好	5	11.9	11.9	38.1	1	5.6	5.6	16.7
	正常	11	26.2	26.2	64.3	3	16.7	16.7	33.4
	不忙	13	31.0	31.0	95.2	8	44.4	44.4	77.8
	一点不忙	2	4.8	4.8	100.0	4	22.2	22.2	100.0
	合计	42	100.0	100.0		18	100.0	100.0	
业余时间的主要活动	有效 上网	5	11.9	11.9	11.9	7	38.9	38.9	38.9
	社会交往	6	14.3	14.3	26.2	0	0	0	38.9
	看电视	15	35.7	35.7	61.9	0	0	0	38.9
	参加文娱体育活动	1	2.4	2.4	64.3	0	0	0	38.9
	休息	3	7.1	7.1	71.4	2	11.1	11.1	50.0
	做家务	6	14.3	14.3	85.7	1	5.6	5.6	55.6
	照顾小孩	2	4.8	4.8	90.5	2	11.1	11.1	66.7
	什么也不做	2	4.8	4.8	95.2	4	22.2	22.2	88.9
	其他	2	4.8	4.8	100.0	2	11.1	11.1	100.0
	合计	42	100.0	100.0		18	100.0	100.0	
平均每天看电视时间	有效 <5 小时	34	81.0	81.0	81.0	17	94.4	94.4	94.4
	5~10 小时	5	11.9	11.9	92.9	1	5.6	5.6	100.0
	10~15 小时	2	4.8	4.8	97.6	0	0	0	100.0
	>15 小时	1	2.4	2.4	100.0	0	0	0	100.0
	合计	42	100.0	100.0		18	100.0	100.0	
平均每天睡觉时间	有效 <5 小时	1	2.4	2.4	2.4	6	33.3	33.3	33.3
	5~10 小时	41	97.6	97.6	100.0	12	66.7	66.7	100.0
	合计	42	100.0	100.0		18	100.0	100.0	

五　被调研家庭政治参与状况

从表 7-14 来看，白石口村被调研家庭的总体党员数量不是很多，仅有 14 位，占被调研家庭总人数的 8%，而其中的 13 位是非贫困户家庭，贫困家庭只有 1 位。对于村里最近的村委会投票，非贫困户家庭有 85.7% 是全家都参加，而贫困户家庭中有 55.6% 都没参加。2017 年村委会和村民组召开的会议以及最近一次的乡镇人大代表投票，非贫困户家庭和贫困户家庭都有一半左右的家庭没参加。因此，在白石口村的政治参与方面，党员以及村干部需要起到带头作用，并且要通知到位，鼓励贫困户家庭积极参加村委会会议、村民组会议、乡镇人大代表投票等，争取不让任何一位村民落下，让他们能够参与进来，建言献策，促进白石口村能够更好更全面更均衡地发展。

表 7-14　白石口村被调研家庭的政治参与状况

单位：%

<table>
<tr><th colspan="3" rowspan="2">指标</th><th colspan="4">非贫困户</th><th colspan="4">贫困户</th></tr>
<tr><th>频率</th><th>百分比</th><th>有效百分比</th><th>累积百分比</th><th>频率</th><th>百分比</th><th>有效百分比</th><th>累积百分比</th></tr>
<tr><td rowspan="6">家里有几位党员</td><td rowspan="5">有效</td><td>0</td><td>32</td><td>76.2</td><td>76.2</td><td>76.2</td><td>17</td><td>94.4</td><td>94.4</td><td>94.4</td></tr>
<tr><td>1</td><td>8</td><td>19.0</td><td>19.0</td><td>95.2</td><td>1</td><td>5.6</td><td>5.6</td><td>100.0</td></tr>
<tr><td>2</td><td>1</td><td>2.4</td><td>2.4</td><td>97.6</td><td>0</td><td>0</td><td>0</td><td>100.0</td></tr>
<tr><td>3</td><td>1</td><td>2.4</td><td>2.4</td><td>100.0</td><td>0</td><td>0</td><td>0</td><td>100.0</td></tr>
<tr><td>合计</td><td>42</td><td>100.0</td><td>100.0</td><td></td><td>18</td><td>100.0</td><td>100.0</td><td></td></tr>
</table>

指标		非贫困户				贫困户			
		频率	百分比	有效百分比	累积百分比	频率	百分比	有效百分比	累积百分比
你或者家人是否参加了最近一次村委会投票	都参加	36	85.7	85.7	85.7	7	38.9	38.9	38.9
有效	仅自己参加	2	4.8	4.8	90.5	0	0	0	38.9
	都没参加	3	7.1	7.1	97.6	10	55.6	55.6	94.4
	不知道	1	2.4	2.4	100.0	1	5.6	5.6	100.0
	合计	42	100.0	100.0		18	100.0	100.0	
你或者家人在2017年是否参加了村委会召开的会议	都参加	12	28.6	28.6	28.6	3	16.7	16.7	16.7
有效	仅自己参加	4	9.5	9.5	38.1	3	16.7	16.7	33.3
	都没参加	20	47.6	47.6	85.7	10	55.6	55.6	88.9
	不知道	6	14.3	14.3	100.0	2	11.1	11.1	100.0
	合计	42	100.0	100.0		18	100.0	100.0	
你或者家人在2017年是否参加了村民组召开的会议	都参加	9	21.4	21.4	21.4	2	11.1	11.1	11.1
有效	仅自己参加	3	7.1	7.1	28.6	4	22.2	22.2	33.3
	都没参加	20	47.6	47.6	76.2	10	55.6	55.6	88.9
	不知道	10	23.8	23.8	100.0	2	11.1	11.1	100.0
	合计	42	100.0	100.0		18	100.0	100.0	
你或者家人是否参加了最近一次乡镇人大代表投票	都参加	11	26.2	26.2	26.2	5	27.8	27.8	27.8
有效	仅自己参加	1	2.4	2.4	28.6	2	11.1	11.1	38.9
	都没参加	17	40.5	40.5	69.0	10	55.6	55.6	94.4
	不知道	13	31.0	31.0	100.0	1	5.6	5.6	100.0
	合计	42	100.0	100.0		18	100.0	100.0	

六　被调研家庭生活消费品状况

从表7-15可以看出，在白石口村被调研家庭生活消费品方面，[1] 对于日常生活用消费品，非贫困户家庭和

① 文中分析的各消费品所占比例不包括缺失值。

贫困户家庭都基本具备，如彩色电视机，非贫困户家庭拥有率为 100%，少数家庭拥有 2 台以上的，贫困户家庭拥有率也达到了 92.3%；洗衣机，非贫困户家庭拥有率为 92.9%，贫困户家庭仅有 3 户没有；电冰箱或冰柜，非贫困户家庭拥有率为 71.4%，14% 的家庭拥有两台或以上，2/3 的贫困户家庭也拥有电冰箱。对于用于日常通信的手机，非贫困户家庭和贫困户家庭几乎都具备，很多家庭拥有多部，并且大多是可以联网的智能手机。对于作为代步工具的摩托车或电动自行车，非贫困户中有一辆的家庭占比为 57%，贫困户家庭中的 40% 具备一辆及以上。在相对比较昂贵的生活消费品方面，如轿车或面包车等，非贫困户家庭中的 64.3% 拥有一辆，而贫困户家庭均无。因此，

图 7-11　白石口村调研现场

（王谋拍摄，2017 年 9 月）

表 7-15 白石口村被调研家庭的生活消费品状况

单位：%

指标		非贫困户					贫困户				
		数量	频率	百分比	有效百分比	累积百分比		数量	频率	百分比	有效百分比	累积百分比
彩色电视机	缺失	4	9.50	9.50	9.50	缺失	5	27.80	27.80	27.80
	1	30	71.40	71.40	80.90	0	1	5.60	5.60	33.40
	2	3	7.10	7.10	88.00	1	11	61.00	61.00	94.40
	4	1	2.40	2.40	90.40	2	1	5.60	5.60	100.00
	5	1	2.40	2.40	92.80	合计	18	100.00	100.00	
	6	1	2.40	2.40	95.20					
	10	1	2.40	2.40	97.60					
	23	1	2.40	2.40	100.00					
	合计	42	100.00	100.00						
洗衣机	缺失	14	33.33	33.33	33.33	缺失	9	50.00	50.00	50.00
	0	2	4.76	4.76	38.10	0	3	16.67	16.67	66.67
	1	24	57.14	57.14	95.24	1	6	33.33	33.33	100.00
	2	2	4.76	4.76	100.00	合计	18	100.00	100.00	
	合计	42	100.00	100.00						
电冰箱或冰柜	缺失	14	33.33	33.33	33.33	缺失	9	50.00	50.00	50.00
	0	4	9.52	9.52	42.86	0	3	16.67	16.67	66.67
	1	20	47.62	47.62	90.48	1	6	33.33	33.33	100.00
	2	2	4.76	4.76	95.24	合计	18	100.00	100.00	
	3	1	2.38	2.38	97.62					
	4	1	2.38	2.38	100.00					
	合计	42	100.00	100.00						
电脑	缺失	21	50.00	50.00	50.00	缺失	14	77.78	77.78	77.78
	0	10	23.81	23.81	73.81	0	3	16.67	16.67	94.44
	1	11	26.19	26.19	100.00	1	1	5.56	5.56	100.00
	合计	42	100.00	100.00	合计	18	100.00	100.00	
固定电话	缺失	24	57.14	57.14	57.14	缺失	15	83.33	83.33	83.33
	0	14	33.33	33.33	90.48	0	3	16.67	16.67	100.00
	1	4	9.52	9.52	100.00	合计	18	100.00	100.00	
	合计	42	100.00	100.00						

指标		非贫困户					贫困户			
手机	缺失	10	23.81	23.81	23.81	缺失	4	22.22	22.22	22.22
	0	1	2.38	2.38	26.19	0	3	16.67	16.67	38.89
	1	8	19.05	19.05	45.24	1	5	27.78	27.78	66.67
	2	12	28.57	28.57	73.81	2	4	22.22	22.22	88.89
	3	7	16.67	16.67	90.48	3	2	11.11	11.11	100.00
	4	4	9.52	9.52	100.00	合计	18	100.00	100.00	
	合计	42	100.00	100.00						
联网的智能手机	缺失	18	42.86	42.86	42.86	缺失	10	55.56	55.56	55.56
	1	8	19.05	19.05	61.90	0	3	16.67	16.67	72.22
	2	8	19.05	19.05	80.95	1	1	5.56	5.56	77.78
	3	4	9.52	9.52	90.48	2	3	16.67	16.67	94.44
	4	4	9.52	9.52	100.00	3	1	5.56	5.56	100.00
	合计	42	100.00	100.00		合计	18	100.00	100.00	
摩托车或电动自行车（三轮车）	缺失	28	66.67	66.67	66.67	缺失	13	72.22	72.22	72.22
	0	6	14.29	14.29	80.95	0	3	16.67	16.67	88.89
	1	8	19.05	19.05	100.00	1	1	5.56	5.56	94.44
	合计	42	100.00	100.00		2	1	5.56	5.56	100.00
						合计	18	100.00	100.00	
轿车/面包车	缺失	28	66.67	66.67	66.67	缺失	15	83.33	83.33	83.33
	0	5	11.90	11.90	78.57	0	3	16.67	16.67	100.00
	1	9	21.43	21.43	100.00	合计	18	100.00	100.00	
	合计	42	100.00	100.00						
卡车/中巴车/大客车	缺失	32	76.19	76.19	76.19	缺失	15	83.33	83.33	83.33
	0	10	23.81	23.81	100.00	0	3	16.67	16.67	100.00
	合计	42	100.00	100.00		合计	18	100.00	100.00	

总的来看，在生活消费品方面，如彩色电视机、洗衣机、电冰箱、手机等基本生活消费品在非贫困户家庭和贫困户家庭基本都有，而比较昂贵的生活消费品，如汽车等，贫困户家庭基本都没有。

第八章

白石口村被调查家庭旅游
开展状况

本章内容主要是针对得到的白石口村 26 户的旅游调查问卷结果进行的分析与讨论。由于白石口村本身贫困户仅有 18 户，基数较小，所以仅有 4 户贫困户被发放旅游问卷。利用贫困户组和非贫困户组之间的对比，课题组对白石口村旅游扶贫现阶段的工作和效果进行了梳理和探讨。本章将从以下几个方面进行梳理：一是白石口村目前旅游就业主要种类；二是旅游收入情况；三是旅游业引起家庭各方面的变化；四是旅游发展障碍；五是未从事旅游业的原因、从事旅游业的意愿。本章没有特意标明出处的表格，其来源一致为本次的旅游调查问卷。

第一节　旅游就业主要种类

通过有限的问卷调查获得相对数据，从回收的数据情况来看，白石口村主要的旅游就业种类涉及农家乐、超市、小卖部、小吃摊或买卖玩具等。从劳动量来看，这几类的排列顺序分别是农家乐＞小吃摊＞买卖玩具＞超市＞小卖部；从劳动力数量要求来看，它们之间的排列顺序为农家乐＞超市＞小吃摊＝买卖玩具＝小卖部；从劳动时间来看，旅游旺季时它们之间的排列顺序为农家乐＞小卖部＝超市＞小吃摊＝买卖玩具。

以上的梳理是建立在调研小组实地调查的经验总结上。闲暇经济学指出，个人的时间分配决定其收入情况。[①] 从农家乐和超市的收入情况来看，上文梳理得出的劳动时间排序符合现实情况。白石口村的旅游经济最初建立在旺季旅游带来的发展上，而 2017 年开始涞源县政府提出"全时旅游"[②] 的战略，从根本上看，此举意在拉长整体的旅游周期。这对于白石口村的旅游业而言极为有利。但从目前已有的旅游业种类来看，能够适应全时旅游战略的仅有超市、小卖部以及农家乐，小吃摊和买卖玩具等内容简单的就业种类。冬季经营对环境的要求较高，零下温度加长时间的户外售卖对从业者是一个巨大的挑战，所以在此基础上，建

---

① 魏翔：《关注闲暇经济学提高人文质量》，《当代经济》2005 年第 11 期，第 62~63 页。

② 周峰：《涞源县 2017 年政府工作报告》，涞源县人民政府网站，2017 年 3 月 22 日，www.laiyuan.gov.cn/index.do?id=9669&templet=content&cid=299。

立各旅游就业种类参与全时旅游适宜的稳定的就业环境就极有必要。是开拓新方式还是保留旧有的方式？其具体的实施方法就有待白石山景区和白石口村由实践中总结和寻找。

第二节　旅游收入情况

一　数据描述

旅游收入与参与者的从业内容有关。从旅游调查问卷结果发现，高收入的旅游接待项目是含餐饮、住宿等内容的农家乐，其中参与开办农家乐的经营者收入普遍较高于超市经营者。

（一）各年份旅游收入变化情况

由表8-1可见，白石口村旅游从业农户的旅游收入从2014年到2016年有明显的变化，其中参于旅游业的农户占全部农户的比例在增多，由2014年的19.23%增加到2015年的34.62%，但2016年有一户退出而略有下降，参与比例变为30.77%。收入均值的变化是由2014年的5.36万元减少到2015年的3.74万元再到2016年的3.79万元，但收入最大值逐年变大，由2014年的7万元到2015年的8万元再到

2016 年的 11 万元，而最小值则呈现了递减的趋势，由 2014 年的 0.4 万元变为 2015 年的 0.3 万元再到 2016 年的 0.2 万元。

表 8-1　2014~2016 年白石口村参与旅游业的收入情况

旅游收入金额 n（万元）	2014 年户数（户）	百分比（%）	2015 年户数（户）	百分比（%）	2016 年户数（户）	百分比（%）
0	21	80.77	17	65.38	18	69.23
0<n≤1	3	11.54	2	7.69	3	11.54
1<n≤3	0	0.00	2	7.69	2	7.69
3<n≤5	1	3.85	2	7.69	0	0.00
5<n≤7	1	3.85	2	7.69	2	7.69
7<n	0	0.00	1	3.85	1	3.85
总计	26	100.0	26	100.0	26	100.0

年份	参与旅游业的收入平均值（万元）	最大值（万元）	最小值（万元）
2014	5.36	7	0.4
2015	3.74	8	0.3
2016	3.79	11	0.2

表 8-2 的每行对应着调查问卷中每户的各年收入，填写有效的共计 8 户。由表 8-2 可见，编号为 5 的家庭的旅游收入是逐年增长的，且为各年收入的极大值。而编号为 1 的家庭其旅游收入 2016 年较 2014 年收入变化量最大，净增长 7 万元。其余家庭的旅游收入都有一定的增长，仅有一户呈现衰退趋势。

表 8-2　白石口村农家乐从业者各年收入值

单位：万元

编号	2014 年	2015 年	2016 年	2016 年较 2014 年收入变化量
1	0	6	7	+7
2	1	1	0.5	−0.5
3	1	1.5	2	+1
4	0	5	3	+3

编号	2014 年	2015 年	2016 年	2016 年较 2014 年收入变化量
5	7	8	11	+4
6	4~5	5~6	5~6	+1
7	5	4	5.5	+0.5
8	0	2~3	1	+1

（二）经营别墅、农家乐、宾馆各年情况和从业者进入原因

从表 8-3 可知，从事旅游业的农户之间存在较大的收入偏差，这与其从业的种类和规模有关。其中经营别墅、农家乐、宾馆的户数有 9 户，占到旅游接待从业总体的 69.23%，非农家乐从业者仅有 4 户，占到总体的 30.77%。白石口村农家乐经营项目的整体变化趋势是，1990 年仅有 1 户参与旅游接待创办农家乐，随后几年间旅游接待从业者也仅有少量的增长，2015 年一次新增 4 户农家乐。

表 8-3　白石口村旅游接待参与的户数及开始年份

单位：户，%

是否经营度假别墅、农家乐、宾馆等	户数	百分比
否	4	30.77
是	9	69.23
总计	13	100.0
开创年份	户数	百分比
1990	1	11.11
1992	1	11.11
2007	1	11.11
2008	1	11.11
2013	1	11.11
2015	4	44.44
总计	9	100.00

从表 8-4 可知，当地居民最开始从事旅游接待的原因主要有三个，其中因为有闲钱并出去考察其他旅游村后有了想法从事旅游接待的户数占到了 15.4%；通过村里集体鼓励动员从事旅游接待的仅有 1 户，占到 3.8%；邻里搞了旅游接待受感染而从事旅游接待的达到了 11.5%。因各项金融贷款和补贴政策的引导而从事旅游接待的为 0。

表 8-4　白石口村最开始从事旅游接待的原因

单位：%

最开始从事旅游接待的原因	频率	百分比
有闲钱并出去考察其他旅游村后有了想法	4	15.4
村里集体鼓励动员	1	3.8
邻里搞了旅游接待受感染	3	11.5
各项金融贷款和补贴政策的引导	0	0

二　结果分析和结论

1.2014 年后旅游接待的收入升高，优质旅游项目的带动效果强

表 8-1、8-2 直观反映了旅游接待从业者的收入变化情况，其主要表现是 2014 年以后旅游从业收入有普遍的上升。从图 8-1 也可以看到各年收入在区间的变化情况。每个区间的户数反映了当年旅游从业者的盈利情况，各年份每个收入区间的数量较为均衡，但明显可见 2015 年的收入较 2014 年有一个跃迁。0~1 万元区间

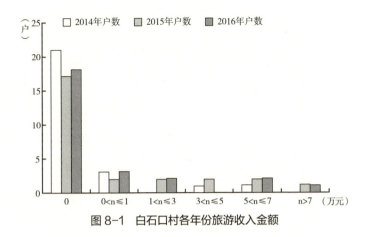

图8-1　白石口村各年份旅游收入金额

的数量变少，1万元以上区间的数量增多。有7万元以上收入的从业家庭2014年后增多，这说明整体的旅游接待市场环境良好，从各年的收入极值上也能反映这一点。

　　表8-3和图8-2则体现出经营度假别墅、农家乐、宾馆数量的变化，其中以2015年为进入者数量最多的一年。这是由于2014年白石山景区开放了全新的旅游项目——玻璃栈道，此项目的火爆引发的人流激增，大大刺激了当地居民，他们开办农家乐的意愿十分强烈，所以2015年

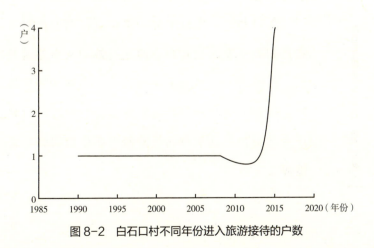

图8-2　白石口村不同年份进入旅游接待的户数

进入旅游接待市场的家庭增多。这反映出一个优质旅游项目对乡村旅游发展的影响巨大。

2. 旅游从业者带动效应最强，政府旅游政策表现弱势

表 8-4 中政府带动村民参与旅游接待产业的影响最弱说明旅游扶贫政策的直接影响效果并不明显，原因可能有二，一是政策提出的时间较为短暂，二是政策适应现实发挥作用还有待时日。"闲钱+考察"模式带动效应最强，一是表明掌握一定资金的农户进入旅游接待行业更容易，二是表明这些农户增收创收的主动意愿较为强烈。在考察后进入市场的农户属于主动进入旅游接待行业的群体。这一群体首先进入市场并获得了可观的收入，对周围居民的带动作用也非常大。第二种进入模式在人数上较次于第一种模式，表明白石山景区的旅游氛围极其不错，其持续增温可能为即将进入旅游接待市场的农户带来可观的经济收入，所以带动了其他家庭的进入。但旅游接待需要的启动金额，比小卖部等经营项目多，一般以家庭为单位进行营业，对劳动力的数量和效率要求也较高。而这些被动从事旅游接待的农户，其障碍主要是资金缺乏和劳动力缺少等问题。本次问卷调查的对象——参与旅游接待的白石口村村民中并没有贫困户。这从侧面反映政府的旅游带动经济发展政策成效不高。

第三节　旅游引起家庭各方面的变化

一　数据描述

（一）旅游相关劳动力情况

从表 8-5 可见，从从事旅游相关工作的人数来看，仅一人参与的家庭有 4 户，两人参与的家庭有 3 户，三人参于的家庭有 2 户，4 人参于的家庭有 1 户。对于参与旅游的成员的数量变化，仅有 3 户有人员上的增加，5 户没有任何人员上的增减，1 户有人员上的减少。

表 8-5　白石口村家中从事旅游相关工作的劳动力的数量及变化情况

人数（人）	户数（户）	百分比（％）
1	4	40
2	3	30
3	2	20
4	1	10
总计	10	100
变化情况	户数	百分比
减少	1	11.1
无变化	5	55.6
增加	3	33.3
总计	9	100

（二）家庭住房与用于接待的房间的数量变化

农家乐本身对房型要求并不多，主要是从业者对自家住房进行改造再利用。从表 8-6 的 10 户农家乐从业者的数据来看，其中使用楼房的数量为 5 户，占比 50%；使用平房的数量为 4 户，占到总量的 40%；仅有一户是同时使用了两类房型，极有可能是为了适应旅游从业的需求后期修建了新房。由表 8-7 可见，房间数从初期到目前阶段变化较大。其中一户有退出现象，相当一部分人扩建了房屋，扩大了接待规模。由最开始最小值为一间房、最大值为 10 间房变化为现阶段最小值 3 间房、最大值 21 间房（退出市场的房数为零，不计入），对于乡村农家乐而言是一个极大的增长。

表 8-8 的数据表明了从业者在两个阶段的表现，农家乐房间数的整体表现为净增 37 个房间，但其中主要的增长来自编号为 2、5、6 的三户人家，平均每户增加了约 13 个房间。从增加的房间数量和经营者数量来看，这些经营者保持了较高的经营热情。这 3 家农家乐的经营者的旅游从业收入在表 8-2 中有所体现，其中编号 5、6 的经营者的年收入较高。其余经营者则多是维持着原有的经营规模，并没有进行任何的扩建改造。

表 8-6　白石口村农家乐住房类型

单位：户，%

住房类型	户数	百分比	住房类型	户数	百分比
楼房	5	50	平房 + 楼房	1	10
平房	4	40	总计	10	100

表8-7　白石口村两个阶段房间数变化情况

最开始接待游客房间数（间）	户数（户）	百分比（%）	现在接待游客房间数（间）	户数（户）	百分比（%）
1	1	11.1	0	1	11.1
3	3	33.3	3	2	22.2
4	1	11.1	4	1	11.1
5	1	11.1	7	1	11.1
6	1	11.1	10	1	11.1
7	1	11.1	11	1	11.1
10	1	11.1	20	1	11.1
			21	1	11.1
总计	9	100	总计	9	100

表8-8　白石口村农家乐用于旅游接待的房间的数量变化情况

单位：间

经营者编号	最开始接待游客房间数	现在接待游客房间数	变化量
1	10	11	+1
2	1	10	+9
3	3	3	0
4	7	7	0
5	3	21	+18
6	6	20	+14
7	5	0	−5
8	3	3	0
9	4	4	0
总计	42	79	+37

二　结果分析和结论

1. 旅游接待规模的变化与旅游市场的热度表现紧密相连

各家农家乐最开始用于接待游客的房间的数量极不相同，从某种层面上反映了在旅游景区兴办农家乐比较随意，农家乐缺乏规模，筹办的家庭一开始进入市场时通常都量力而行，并没有进行大规模的建设。各户从仅有 1 间房到有 10 间房，反映商户进行旅游接待时的不同心理，一种是小心尝试，另一种是有所准备。结合农户的进入时间加以判断发现，1990 年白石山刚被确立为省级旅游景区，这时候的白石山并未广为人知。从 1992 年开始有零星的外地游客来白石山景区游玩，而白石山景区相应的旅游接待还未发展起来，所以零星的房间正是旅游接待还未火热的表现。而查阅后发现，开放 10 间房的商户，其进入时间为 2015 年，正是白石山玻璃栈道大火的邻近年份。这说明白石山景区的影响力对村落发展农家乐起到了市场信号的作用，再次证明了景区对白石口村的重要影响。

从现在的用于接待游客的房间数量来看，有农家乐经营者退出的现象。调查中有一户农户由于不挣钱关掉了家中的农家乐，其进入市场的时间为 2008 年，此时正值白石山景区"千人会战白石山"计划如火如荼地进行。白石山景区在 2012 年到 2014 年期间大整大修，这对游客数量有一定的影响。客流量下跌对农家乐势必造成影响、形成亏损，又由于经营者的年龄增大难以负担，所以其退出市场。但总体来看，农家乐的房间数呈现增加趋势，许多经营者从一开始的小规模开放房间到整体翻修扩大经营，体现了白石山景区整体发展呈现蓬勃上升的趋势，影响力的增强带来客流量的增大，农家乐的普遍发展趋势是越来越好。

2. 旅游接待对家庭就业的影响情况不同

旅游接待依靠景区的客流量发展。不同条件的家庭选择了不同的旅游从业类型。首要影响来自不同旅游从业类型家庭劳动力的需求不同。其中集住宿、餐饮等于一体的农家乐对劳动力的需求量最大、要求最高，此时一般是全家整体进入旅游行业。人数要求越高时户数反而越少，这说明人们对于全家投入与旅游相关的活动还是有所保留的，这可能是部分人由于在旅游接待中并没有得到可观的回报，所以认为旅游接待不挣钱而退出。对于小卖部、小商超这类对劳动力要求较低的就业类型来说，需要的劳动力少，从业者主要负责长时间开门营业，而农家乐这类就业类型对劳动力要求相对较高，不管是时长还是工作量都要高于小商超。

3. 白石口村旅游接待的基础条件较佳，部分家庭发展较好

从旅游接待进入者逐年增多上可以看出白石口村的旅游接待发展得还是不错的。由于地理位置上的邻近，白石口村与白石山景区在区位上是绵连成片的关系。白石山景区的客流量带动白石口村的旅游发展，而白石口村建设高标准的旅游环境能够增强白石山景区的旅游辐射作用。白石口村的旅游接待从目前来看是已经具备较好的基础条件的。村民的旅游接待收入变化也能反映这一点，市场接受了白石口村的现有的发展水平，并给予了一定的反馈。

第四节　旅游发展障碍与公众服务

一　数据描述

虽然现有的旅游接待经济不错，但现实中仍然存在许多影响白石口村旅游业进一步发展的障碍，包括个体户想要实现旅游集体化的强烈诉求、自有资金不充分、政策扶持力度需加强等问题。

1. 扩大规模以及旅游从业中可能遇到的问题

表8-9展示了已经进入旅游行业的经营者对扩大规模的途径表示的不同期望。其中3户以自有资金的发展为目标，而有5户经营者表示了希望获得外界政策和资金支持。无人选择加入外来旅游企业市场化项目运作。表中提到了拦客现象严重、资金不足、缺乏空间、劳动力不足以及游客不足和减少的问题。拦客现象也是在实地调研中明显存

表8-9　白石口村旅游接待或旅游经营未来扩大规模希望的途径与
目前面临的主要问题

单位：人次

未来扩大规模的希望途径	频率	主要问题	频率
自有资金	3	拦客现象严重	1
获得外界技术和资金支持	5	规模小	1
加入外来企业市场化运作项目	0	游客不足或减少	4
		资金不足	4
		缺少空间	1
		家庭劳动力不足（身体不好）	2

在的问题，这表明白石口村缺乏旅游规范和旅游秩序。资金不足也是参与旅游业的主要障碍。

2. 发展集体化的乡村旅游接待与旅游公共服务的建设

表8-10中希望借助乡镇、村集体力量走集体提供统一的乡村旅游接待的经营者达到了9户，而只有一户没有这样的意愿。实现统一的旅游接待对于白石口村未来的旅游发展而言有着促进作用。这意味着标准的提升，使白石口村达到高水平乡村旅游的标准。对经营者而言也能够起到一定的规范、扶助作用。

表8-10　白石口村统一乡村旅游接待的意愿

单位：户

是否希望乡镇或者村集体提供统一的乡村旅游接待	户数
是	9
否	1
总计	10

表8-11反映了5类可行的旅游公共服务，其中需要统一床单布草的洗涤的经营者有2户，需要烹饪原材料的统一配送的经营者有2户，需要统一旅游培训与指导的经营者有4户，需要村里配备医务室的有3户，无人选择付费清扫房间。

表8-11　白石口村统一的旅游公共服务

单位：户

旅游公共服务类型	户数	旅游公共服务类型	户数
统一床单布草的洗涤	2	付费清扫房间	0
烹饪原材料的统一配送	2	村里配备医务室	3
统一旅游培训与指导	4	总计	11

3. 旅游发展中土地流转情况与补偿

旅游接待需要房屋、资金和土地。旅游业在影响白石口村的过程中，产生了许多景区用地的需求，主要的土地来源是农民土地流转。调查对象中有 16 户参与了土地流转，土地主要转化为景区的绿化用地。补偿情况也是各户得到的补偿数额不等，差距较大（见表 8-12）。

表 8-12 白石口村土地流转具体情况与补偿

单位：人次

旅游发展导致的土地流转	频率	补贴情况（Y 元）	频率
是	16	0	10
否	10	$Y < 1000$	3
总计	26	$1000 \leqslant Y < 2000$	1
		$2000 \leqslant Y < 4000$	2
		$4000 \leqslant Y < 6000$	7
		$Y \geqslant 6000$	2

4. 客人找上门的方式

表 8-13 中给出了几类客人找上门的方式，通过电话接单的仅有 1 户，有 4 户主要是回头客联系上门，散客上门的有 2 户，而通过互联网招徕顾客的只有 2 户。

表 8-13 白石口村上门游客类型

单位：户

客人找上门方式	户数	客人找上门方式	户数
电话预订	1	互联网	2
熟客联系	4	总计	9
散客上门	2		

二　结果分析与结论

1. 旅游增长需要更多资源的投入和集体化公共旅游服务的供给

由上一部分的数据统计看到，已有的经营者对于扩大规模有较强烈的意愿，其实现途径主要依托两大重要因素，一是资金，二是政策支持。资金不论是自有还是来自外部支持，都是目前白石口村发展旅游迫切需求的，缺乏资金也是广大旅游经营者面临的发展障碍。

旅游本身就是一个初期基础建设投入较大的行业，服务业更是如此。未来白石口村的旅游经营仍需资金和政策支持两方面同时发力。政府牵头采取集体统一化的旅游发展模式对经营者起到了建立标准的作用。由于早期自主发展中经营者仅能通过自我摸索来迎合市场需求，因此整体的服务水准不高，各经营单位基础设施条件不均衡。这也是经营者面临的障碍之二。为了营造更好的旅游环境，营造优质的旅游接待氛围，要提高白石口村的旅游服务、设施水平。在从业者对公共旅游服务呼声较高的基础上，政府牵头发挥作用、专项发力更能获取好效果。

2. 土地流转与保障农户的旅游接待空间

较多农户参与了景区开发的土地流转工作，这对景区的开发建设起到了积极的作用，但对于未来想要参与旅游接待的农户而言，家庭未来的旅游接待计划需要土地、房屋，而被景区规划建设占用的土地难以返还。

3.增加白石口村旅游信息宣传的力度

从旅游接待游客上门入住的方式来看，借助互联网招徕顾客的比例极低，互联网是一种有效的营销平台，使用它的比例低，说明了在旅游接待等内容的信息宣传上，白石口村还有待完善。没有集体旅游的技术手段作为支撑，个体经营户经营水平不同、对不同类型的营销工具的了解程度不同，相对限制了他们对外宣传的力度。

第五节　未从事旅游业的原因、从事旅游业的意愿

一　数据描述

调查对象表达了若干自身参与旅游业的障碍，从这些信息当中可以了解到他们未从事旅游业的原因。

1.参与本地旅游业最大的障碍

表 8-14 显示了农户参与本地旅游业的几大障碍。其中缺乏资金和信贷机会的人数最多，有 18 户；其次是由于自身文化水平不高、能力不够而观望驻足的，有 10 户；其余的诸如缺乏政府支持和相关组织引导以及景区施压而没有进入旅游业的数量较少。

在参与旅游业的条件判断上，认为自己资金充裕的家

庭仅有一户，其余家庭以房屋、土地、劳动力为参与旅游业的优势。

表8-14　白石口村参与本地旅游业最大的障碍与条件

参与到本地旅游业中最大的障碍	频率（人次）
文化水平不高，能力不够	10
缺少资金和信贷机会	18
缺少政府的支持	5
缺乏相关组织的引导	3
缺乏参与旅游业的所有条件	1
景区不允许	1
自家有何种资源和优势参与旅游业发展	频率（人次）
资金充足	1
房屋富足	5
土地富足	4
劳动力富足	5

2. 对游客的态度以及家庭未来的经营计划或打算

表 8-15 中，受访对象对游客普遍表示欢迎。前面以许多经营者的角度描述了旅游对白石口村各家庭的影响，这并非意味着旅游对于非经营者的影响小。即使没有进入旅游业，旅游也带给他们未来从业的愿景。本次调查中，有过几年自己开农家院的意愿的家庭有 2 户，已在经营的从业者则有扩大经营规模以及提高档次、努力做好的意愿，较多人保持着对旅游业持不明的态度。

表 8-15 白石口村家庭对游客态度

对游客的态度	频率（人次）	对游客的态度	频率（人次）
欢迎	26	总计	26

调研表明，村里提供了一定的旅游培训，部分农户参与过。农户主要能接受的培训模式是面对面培训，如专家来村培训或集会培训方式，主动学习音频和视频资料的要略少于其他两种（见表 8-16）。

表 8-16 白石口村接受过乡镇或者村里的旅游培训和动员的频率以及可以接受的培训形式

是否接受过乡镇或者村里的旅游培训和动员	频率（人次）
是	10
否	16
可以接受的培训形式	频率（人次）
专家来村培训	11
发放音频、视频资料	7
村集体开会培训	13

3. 发展旅游业的意愿

从问卷结果的文字表述来看，有 14 户家庭表示有参与旅游业实现脱贫和增收的强烈意愿，其中大部分在实际经营中遇到了困难，包括资金缺乏、政策规划不足、无力扩大规模、市场不景气游客少、投资风险大等问题，而有 3 户家庭因为是贫困户，条件能力不足没有意愿参与；有 9 户家庭则表示了不愿参与旅游业的原因是条件不足、旅游业挣钱少、劳动力不足、缺少时间和宅地、年龄大等。

表 8-17　白石口村发展旅游业的意愿

发展旅游业的意愿	频率（人次）
该户为贫困户，没有能力参与旅游业	3
农户由于条件不足，通过挖掘自身资源实现脱贫或增收的意愿不是很强烈，不愿意参与旅游业	9
农户通过挖掘自身资源实现脱贫或增收的意愿很强烈，但缺乏一定的条件和支持	14

二　结果分析与结论

1. 旅游业就业引导效果不明显

有一定数量的农户在面临白石山景区带来的旅游就业机会时表现出无所适从。这些农户一方面条件不足无法进入旅游业，另一方面自身能动性不足。这说明政策在提供支持上表现不佳，已有经营者的带动作用有限，种种条件的缺乏导致目前无法实现乡村旅游的建设。资金、房屋、土地和劳动力是从事旅游的四大要素，政府应制定政策帮助村民在面对这四方面的障碍时有所突破，进一步带动白石口村的旅游发展。

2. 农家乐仍是村民瞄准的旅游项目

白石口村不少居民在景区内工作，他们将自家宅院出租给外地人经营。但景区内的工作带来的收益不是很高。相比之下，经营农家乐带来的收益更为可观。但对于普通农户，农家乐的启动门槛较高，投资风险大，这也造成了外地经营者驻村投资发展农家乐，而本村村民经营者少。

第九章

主要调研结论及相关问题

第一节　主要调研结论

　　本课题在针对白石口村经济发展总体情况、旅游业发展和贫困家庭脱贫等方面进行调研分析的基础上，对本次调研做出主要结论性总结。

　　1. 白石口村林地、河流面积大，耕地流转比例高

　　白石口村耕地面积为671亩，有27610亩的林地、40亩的畜禽饲养地，这三类土地的面积分别占到总面积的2.37%、97.49%、0.14%；山场面积30000亩；河流面积1100亩。在耕地面积中，103户（约占总户数的1/3）农户共将耕地面积的83.46%进行了对外流转，土地的流转平均租金为1000元/亩。另外，在林地面积中，只有

0.02%是属于退耕还林面积。

2.白石口村家庭农业资源种类单一，以旱地为主，贫困户和非贫困户户均自有土地面积差异明显，经营面积均较小

白石口村非贫困户的旱地自有面积平均为2.74亩，其中69%在3亩以下，88.1%是在5亩之下，仅有11.9%是在5至12亩之间，贫困户的旱地自有面积相对非贫困户是显著缺少的，平均只有1.91亩，而其中55.6%的家庭是处于平均水平之下的，并且有33.3%的家庭是没有旱地的，94.4%是在5亩之下。而对于经营面积，非贫困户和贫困户家庭的旱地经营面积都很小，分别平均只有0.4亩和0.19亩，均不足平均自有面积的1/5，这意味着白石口村大量的土地处于荒废状态。制定白石口村相关的精准扶贫政策时可以考虑对未被利用的土地进行经济可行、技术可行的规划，助力该村全面脱贫。

3.白石口村基础设施基本完善，但旅游服务设施不足

白石口村的村道路、电视通信、医疗保健、垃圾处理等基础设施和文化体育设施基本完备。但村庄基础设施建设的主要目的是满足村庄基本生产生活需要，无论在规模上还是在档次上都还不能满足旅游业发展的需要。旅游基础设施薄弱仍然是制约贫困地区旅游业发展的一大问题，它突出表现在旅游交通基础设施建设落后、旅游接待服务设施水平较低、旅游村配套休闲点建设落后等方面。

4.白石口村主导产业为旅游业，其中餐饮业比重最高

白石口村收入的70%来源于旅游业，村内旅游商业

活动主体中餐饮企业数量最多，有74家，其次是批发零售店、超市、小卖部，共有22家，然后是2个农民合作社（分别成立于2010年和2016年，主要经营范围为养殖和种植，其中2016年成立的种植合作社总资产达到了100万元，参与的农民为18户），1个专业大户。白石口村的餐饮业比较发达，可以为当地旅游发展提供较好的餐饮服务，从而间接地带动该村旅游业的良性循环发展。

5. 白石口村劳动力短缺，家庭医疗负担较重

白石口村劳动力仅占总人口的56.5%，且劳动力中15%的人外出打工极少回家务农，白石口村的老龄化现象以及劳动力缺失较为严重。另外经过调研发现，村内家庭中成员身体有重大疾病的比重较高。一方面家人为了照顾病人，不仅不能外出务工，而且在村里也不能全职务农，导致家庭收入水平低；另一方面，巨额的医疗费用使原本贫困的家庭负担更重，这些家庭只能依靠国家补贴维持生计。

6. 白石口村治理结构完备，村委和党员干部带头作用强，但贫困家庭参与村庄决策和治理的比例较低

白石口村党员干部机构是比较完备的，共有3个党小组、12个村民小组，党员71名，其中有高中及以上文化的党员为16名，占比约为1/4。村党支部有党员1人，村民委员会有党员1人，监督委员会有党员3人，民主理财小组有党员3人，因此党员干部可以为当地的旅游发展起到良好的带头作用和引领作用。而且白石口村的集体收入主要来自上级补助与土地收入，其中收到上级补助207829.9元，发包荒山、坡地收入为201083.1元。此次白石口村被调研家庭中有14位党员，占被调研家庭总人数的8%，而其中的13位是非贫困户家庭的，贫困户家庭中只有1位。对于村里最近的村委会投票，非贫困户家庭有85.7%是全家都参加的，而贫困户家庭中有55.6%没参加。而对于2017年村委会和村民组召开的会议以及最近一次的人大代表投票，非贫困户家庭和贫困户家庭都有一半左右的家庭没参加，部分存在会议通知不到位的情况。

7. 白石口村治安状况良好，安全有保障

白石口村的安全保障情况良好，不论被调研家庭是非贫困户还是贫困户，超过90%的家庭没有遇到过意外事故、偷抢等公共安全问题以及遭受过自然灾害，并且在天黑时一个人走路觉得比较安全的达到了97.6%。

8. 白石口村扶贫脱贫工作在整体上较有成效，现有贫困户致贫原因主要为疾病和残疾

从被调研的60户家庭来看，在非贫困户中曾经为贫困户的家庭共有18户，其中83.3%的家庭对他们的调整结果以及调整程序是满意的。在白石口村的扶贫脱贫效果评价方面，非贫困户家庭中有47.6%认为政府为本村安排的各种扶贫项目是比较合理甚至是非常合理的，贫困户家庭中有22.2%认为比较合理，有50%认为一般，在本村贫困户选择是否合理方面，非贫困户家庭和贫困户家庭分别有83.3%与94.4%认为是一般及以上的，其中有50%以

上认为是比较合理的。在本村扶贫效果评价打分方面，非贫困户家庭中有 1/3 认为是比较好的，10% 认为是很好的，一般及以上为 64.3%，而贫困户家庭中有 50% 认为是一般及以上的。因此，白石口村的精准扶贫整体来看是有显著成绩的，不仅曾经的贫困户对调整非常满意，而且贫困户的比例是相当低的，但是仅存的贫困户，最主要的贫困原因是生病和残疾，生病和残疾致贫的贫困户占全部贫困户的 83.3%。

9. 白石口村非贫困户家庭和贫困户家庭的收入水平和来源差异均较大，贫困户的收入主要依赖低保金

2016 年非贫困户家庭的年平均纯收入显著高于贫困户家庭，具体来说前者不仅有较高的工资性收入和非农业经营收入，并且还有很大一部分的财产性收入，而后者不仅由于农业相关机械设备的完全缺失农业经营收入很低，而且只有很少的非农业经营收入和工资性收入，并且其他方面的收入依赖于低保金。非贫困户家庭的支出主要是食品支出和教育支出，而贫困户家庭由于身体等各方面的原因，收入超过一半支付了报销后医疗的费用。

10. 白石口村贫困人口受教育程度较低，旅游扶贫参与意愿不足

白石口村贫困户家庭成员文化水平一般为文盲、学龄前儿童和小学，占比达到了 85.3%，而且高中以上文化水平的人员是缺失的。贫困户均是普通农民，身份单一。贫困户中只有 47.1% 处于健康状态，不足一半，身有残疾的占比达到 26.5%，还有 23.5% 患有长期慢性病。贫困户中

只有 1/3 是普通全劳动力，贫困户中没有技能劳动力，无劳动能力但有自理能力的人占到 38.2%，甚至超过了普通全劳动力所占的比例。由于受教育程度低，思想观念较为落后，贫困人口对旅游发展的理解存在偏差，自我发展意识淡薄，"等、靠、要"思想较重，民主参与意识淡薄，旅游扶贫参与积极性也不高。

11. 白石口村村民总体健康状况一般，贫困户家庭成员健康水平较差且存在焦虑

白石口村非贫困户家庭中的成员全部健康的占比为 47.6%，而贫困户只有 28%，这意味着被调研家庭其成员的健康状况大多不是很好，后者不健康人数占比要显著高于前者，并且被调研家庭的不健康成员大多患有长期慢性病等严重疾病或身有残疾。非贫困户和贫困户家庭中均有超过 55% 的人患有严重疾病，非贫困户家庭有 69.4% 行走没有问题，16.7% 影响行走。贫困户的情况比较严重，不足一半的人员没有行走问题，而 35.5 的人行走有问题，甚至 17.7% 的人影响行走。在洗漱或穿衣方面，非贫困户家庭中 86.1% 是没问题的，而贫困户家庭中只有 52.9% 是没问题的，有 23.5% 是不能洗漱或穿衣的。在身体是否有疼痛或不适方面，在非贫困户家庭中，有 22.2% 身体是正常的，55.6% 身体是有一点或一些疼痛的，而贫困户中所有人身体都有疼痛或不适，其中 82.4% 是有一点或一些疼痛，17.6% 是有挺严重的身体不适。在是否感觉到焦虑或压抑方面，非贫困户家庭中有 38.9% 是没有问题的，而贫困户只有 5.9% 即一个人是没有问题的，有一点或有一些

焦虑的占比达到了 76.4%。因此，在被调研家庭的健康方面，非贫困户和贫困户的健康大多不是特别好，而且后者的不健康性更显著。不健康人员所患疾病大多为短期难以治愈的，这样不仅会导致能提供的劳动力数量严重不足，而且参与劳动的人所能参加的劳动类型较有限导致长期贫困。

12. 白石口村村民家庭住房有保障，但贫困户和非贫困户的住房面积存在显著差异，贫困户住房面积小且设施简单

白石口村非贫困户的住房建筑面积为 40~320 平方米，而且 100 平方米以上的住房占到了 47.6%，贫困户的住房建筑面积均为 40~85 平方米。白石口村贫困户中有 83.2% 的家庭拥有两套状况良好的房子，贫困户住房均为平房，贫困户中只有 11.1% 是实现互联网入户的，在住房的淋浴设施方面，贫困户中 77.8% 没有淋浴设施。由于住房拥有量多，贫困户可以将长期不居住的房子对外出租或开展旅游经营。

13. 白石口村家庭能源主要依赖电、煤炭和秸秆，贫困户的能源消费总量和结构近年来没有明显改变

白石口村家庭能源主要依赖煤炭，村内只有少数家庭不使用，并且贫困户家庭的使用量都是在 5 吨以下的，而非贫困户家庭中约 19% 的家庭使用量超过 5 吨 / 年。白石口村不到一半的家庭仍使用薪柴，贫困户家庭对秸秆的使用量较大，而对电的使用量较少，绝大部分的贫困家庭电的年使用量低于 1000 度。

贫困户家庭近五年的人均能源消费量几乎没有变化，

而且有 90% 以上的家庭没有使用可再生能源，相对来说，非贫困户家庭中有一半有能源消费的增加和使用可再生能源，使用的可再生能源主要为太阳能。而对于能源的选择，若每一项选择如市场价格、便捷性、污染、媒体宣传等按照选项非常重要的频率来排序，非贫困户家庭对能源选择的排序为市场价格 > 政府补贴 > 使用的快捷性 > 售后服务 = 近邻使用 > 使用的污染程度 > 简单易学 = 购买便利 > 废气污染 = 媒体宣传，贫困户家庭的选择排序是市场价格 > 政府补贴 > 使用的快捷性 = 废气污染 = 简单易学 = 售后服务 = 近邻使用 > 使用污染程度 = 购买便利 = 媒体宣传，因此，对于能源的选择，无论是非贫困户家庭还是贫困户家庭，觉得非常重要的仍然是能源的市场价格和政府补贴，而对于能源在使用中是否存在污染以及废气污染等不是很重视。

14. 白石口村居民家庭业余时间较为充裕，但休闲方式单一

村民的业余时间利用方面，非贫困户家庭的主要活动是看电视，占比为 35.7%，其次是社会交往和做家务，而什么也不做的占比不到 5%，休息也仅占 7.1%，并且相比贫困户家庭，他们的活动要更加多元化，如会进行社会交往、看电视、参加文娱体育活动等，而贫困户则完全不会。从被调研家庭的时间利用方面来看，白石口村非贫困户家庭要比贫困户家庭忙得多，而且在业余时间，无论是非贫困户家庭还是贫困户家庭，他们均把时间用在一般日常活动中，如看电视、上网等，这意味着时间的利用效率

不是很高。白石口村的村民尤其是贫困户家庭是有比较充裕的时间可以加以利用的。

15. 白石口村整体的中高档家庭消费品拥有率较低，且贫困户和非贫困户差异明显

在白石口村被调研家庭生活消费品方面，对于日常生活用消费品，非贫困户家庭和贫困户家庭都基本具备，如彩色电视机，非贫困户家庭拥有率为100%，少数家庭拥有2台以上的，贫困户家庭拥有率也达到了92.3%；洗衣机，非贫困户家庭拥有率为92.9%，贫困户家庭仅有3户没有；电冰箱或冰柜，非贫困户家庭拥有率为71.4%，14%的家庭拥有两台或以上，2/3的贫困户家庭也拥有电冰箱。对于用于日常通信的手机，非贫困户家庭和贫困户家庭几乎都具备，很多家庭拥有多部，并且大多是可以联网的智能手机。对于作为代步工具的摩托车或电动自行车，非贫困户中有一辆的家庭占比为57%，贫困户家庭中的40%具备一辆及以上。在相对比较昂贵的生活消费品方面，如轿车或面包车等，非贫困户家庭中的64.3%拥有一辆，而贫困户家庭均无。因此，总的来看，在生活消费品方面，如彩色电视机、洗衣机、电冰箱、手机等基本生活消费品在非贫困户家庭和贫困户家庭基本都有，而比较昂贵的生活消费品，如汽车等，贫困户家庭基本都没有。

第二节 白石口村旅游发展的相关问题

1. 白石口村缺乏统一的旅游规划，旅游资本注入不足，旅游业目前还处于自发的旅游建设阶段

近几年，涞源县和白石山镇已经把白石口村旅游开发纳入日程，但因还没有统一的旅游规划，白石口村下属的 3 个自然村未能整合资源形成合力，这 3 个村目前停留在各自为政、独自发展、无序建设的状态，进而存在盲目竞争的问题。白石口村要将资源和区位优势转变为竞争优势，首先，应明确发展定位，单靠初级的农家乐经营和同质化的旅游商品销售是远远不够的，只有在全局发展理念的指导下明确发展定位，白石口村旅游业才能可持续发展。同时由于旅游资本注入不足，目前村庄内的旅游开发仍处于村民自发建设和经营阶段，虽整体有一定的规模但每家规模均很小。由于农家乐的服务内容相似，且服务质量不高，村内农家乐之间存在低价竞争的现象。除此之外，白石口村旅游从业人员的技能不足，缺少懂管理、会操作的人才，进而大多数村民选择把店铺或农家院对外出租，由外来人员进行经营，村民获得的旅游收入较单一且总量较低，村庄旅游业发展缺乏技术和智力支撑，内生增长动力不足。

2. 白石口村的农业资源、文化资源、养老资源等没有转变为旅游资源和旅游优势

白石口村位于国家 5A 级旅游景区"白石山国家地质

公园"脚下，具有区位优势。村庄距离县城仅 10 公里，紧邻张石高速，108、112 和 207 国道与京原铁路，正在规划建设的荣乌、涞曲两条高速公路全部建成后，到北京、天津、石家庄等大中城市的车程均在 2 小时之内，交通十分便捷。白石口村拥有绿色天然的自然环境、夏季凉爽舒适的气候条件以及在干旱的华北地区难能可贵的泉水资源，形成了上佳的水土品质和凉爽的气候，暑期平均气温仅有 21.7℃，比北戴河海滨低 3.8℃，比承德避暑山庄低 2.6℃，是一座天然的大氧吧、大空调，气候十分适宜开展旅游活动。另外，村庄拥有 3 万亩山场、1100 亩河流，有劳动力 581 人，自然和人力资源较为充足。但就乡村旅游发展来说，白石口村还处于乡村旅游的初级开发阶段向中级开发阶段转变的过程中（还处于从乡村旅游 v1.0 向乡村旅游 v2.0 升级过程中），旅游业态还不丰富，旅游产品还不健全，乡村旅游的"吃、住、行、游、购、娱"各要素的健全度还有待大力提升。

3. 白石口村的旅游发展已经有一定基础，但是旅游特色还不明显，旅游产品和旅游活动等还不丰富，缺少精品

白石山景区显著的产业带动效果表现在吸引了白石口村村民参与旅游服务的提供，主要体现在住宿、餐饮等项目上，不少民众修建了农家乐，提供食住服务，不乏营利能力好的商户。农家乐的兴起本身代表了景区旅游的带动颇具效果，但数量并非全部，白石口村要实现旅游带动经济的持续效应，还需确立一定的旅游服务标准。由于整

体的住宿、餐饮标准不明确,这类服务仍有较大的上升空间。白石口村旅游在近些年有较大的进展,但该村旅游经济依然存在不少问题:人员素质低,难以适应现代旅游发展的需要;产业发展投入不足,社会投资稀缺,村民自有资金更是严重不足;新业态项目少,目前,只处在"吃农饭、住农院"的基础阶段,本地文化没有得到挖掘,正在开发的乡村文化没有上升到商品的层次,提供给旅游者的服务形式单一,缺乏拳头产品和核心吸引物;后续管理有待加强。

4. 白石口村扶贫效果较明显,但是贫困家庭的旅游参与意愿低、能力弱,参与不足

受制于自身能力,贫困人口参与旅游扶贫困难重重。主要表现在:缺乏参与旅游扶贫的物质条件,包括资金等;缺乏参与旅游扶贫的知识技能,包括旅游基础知识、旅游经营管理知识、旅游服务技能、人际交流能力、市场开拓能力等。白石山作为强有力的经济辐射源,带动了大量当地人员参与旅游项目,白石口村的产业是以农家乐等服务业为主的第三产业,特殊的地理位置本来应该给白石口村带来极大优势。但在旅游产业大量进入村子的过程中也出现了一些问题。一是景区用地引发土地之争以及如何解决占地补偿问题;二是对于贫困户,旅游扶贫带动效果不明显;三是原本属于村子的资源由于投资商垄断,产生的利润村民们难以分享。白石山国家地质公园作为国家 5A 级旅游景区,在带动周边村庄脱贫致富方面还存在一些限制,一些贫困户难以参与旅游,白石口村

村民参与旅游存在明显的季节性。白石口村的 18 户贫困户中，部分是独居老人，家庭劳动力不足。以他们为例，经营农家乐以此营利的方式对他们来说没有吸引力，他们既没有资金也没有精力从事这样复杂的活动。他们的一般性经营活动是去景区售卖批发来的旅游小商品。旅游行业存在淡旺季，不能保证稳定的收入，仅仅在旅游旺季时销售简单小商品实在难有可观的收入，所以整体情况并不乐观，难以维稳。对于景区周边的已经开办的农家乐而言，景区对外开放的活动信息是它们调整自身服务的信号，但其中存在一定的信息不对称。例如，景区在 2017 年尝试开放了冬季旅游，这在往年是没有的情况。调研小组通过实地调研了解到，白石山上的冬天整体温度相对较低，一些农家乐的取暖设备并不能满足深冬乐的要求。大部分农家乐业主为了节约成本，以及受往年深冬停止营业这一趋势的影响，其农家乐住宿条件仅能满足旺季住宿条件，难以和景区供应的住宿的条件相比。

5. 白石口村的旅游发展和白石山景区的利益矛盾没有解除，发展合作机制没有理顺

涞源县是国家级贫困县，经济发展较为落后，财政收入不高，缺少旅游开发的启动资金，为了快速完成原始资本积累，地方政府往往以招商引资的方式把旅游资源承包给外地企业，使旅游业控制在外来企业手中。同时，为了使旅游业能顺利起步，地方政府有时甚至会过度赋予外地旅游企业政策、物资、资金等方面的优先权而放弃旅游

资源所在地村庄和居民分成的权利；开发商和村庄的利益发生冲突时，当地政府往往也以牺牲属地居民的利益为代价。村庄作为旅游开发外部效应的直接承担者和扶贫对象，却未能获得旅游发展应得的回报，因此难以实现旅游扶贫的目标，这也削弱了村民参与旅游开发的积极性，降低了他们支持旅游的热情，影响了村庄旅游的持续发展。

由于村庄与景区经营方的利益关系未理顺，白石口村村民从白石山景区旅游经营中获取的直接收益较少。村民难以获得白石山景区经营收益与白石山景区的经营模式有较大关系。白石山作为白石口村的旅游资源，在跃升为极有影响力的景区之前，村民们就没有被包含到景区的受益群体之中。景区在 2010 年以前是采取由政府主导的运营模式，2010 年至 2012 年景区运营模式则转变为"政府 + 国企 + 民企"模式，采取股份制，涞源县政府仅仅占有 20% 的股份；2013 年始，景区整体运营模式变为"政府 + 大旅游投资集团"模式，将近两年的封闭改造，白石山变化巨大。大手笔开发的资金要求也更高，中景信旅游投资集团的参与改变了这一紧张局面。从这一系列的发展来看，白石山景区整体的招商引资是成功的，但白石口村等村庄并没有和景区有直接的利益联结，虽然景区通过土地流转方式使用了周边村庄大量的土地，但村庄最初并未通过土地入股的方式参与景区投资。

第十章

白石口村旅游扶贫路径

第一节　白石口村旅游扶贫路径的设计思路

　　白石口村旅游发展已经具备一定的基础，在推动村庄旅游产业提质增效、扩大规模的同时，使贫困人口参与到旅游经营发展中来，是白石口村实现贫困人口脱贫致富的重要路径选择。但白石口村的旅游业发展和贫困人口参与旅游面临多重障碍和困难，因此对白石口村和贫困人口的帮扶的内容应该是多元的，应包含政策、技术、资金、教育培训等多个方面。本章将在对白石口村前期调研的基础上，梳理村庄可供旅游发展的资源，白石口村可整合资源培育形成区域内竞争优势，结合贫困家庭致贫的具体原因，实施旅游精准扶贫帮扶。同时，对白石口村困难家庭的帮扶不仅要强调"帮扶村庄提升基础设施和环境",还应强调"帮扶村庄提高旅游产业发展的质量和效益",更重要的是应强调"帮扶困难群体参与村庄旅游发展",分享旅游发展的红利。

基于此,本章设计的白石口村旅游扶贫开发路径包含三个层面。第一个层面是对白石口村旅游扶贫开发基础条件的帮扶。通过帮扶主要解决白石口村旅游发展在基础设施和环境、旅游服务设施方面存在的问题,对村庄旅游发展进行总体规划,使村庄旅游业具备良好的发展基础,第一个层面的帮扶是旅游业提质增效和贫困人口参与旅游的基础条件。第二个层面是在白石口村当前旅游发展的基础上,对村庄闲置资源和潜在资源进行挖掘和整合,规范旅游市场经营秩序,促进村庄旅游业提质增效。第三个层面是对白石口村贫困人口进行培训教育,向他们提供启动资金,让贫困人口有意愿、有能力参与村庄旅游开发,共享旅游发展的红利,彻底摆脱贫困。

对白石口村贫困人口旅游参与的帮扶,核心落脚于贫困人口自我发展能力的提升,应着眼于提高其旅游参与的能力和质量,确保贫困人口中的劳动力有能力参与村庄旅游经济发展。白石口村旅游扶贫开发路径的三个层面的内容是由基础设施、产业发展及个体参与共同构成的相互交织、相互影响的一个系统整体,其最终目的是贫困人口通过自我发展能力的提升,彻底摆脱贫困。

第二节 完善村庄基础设施和旅游服务设施，夯实旅游发展基础

一个地区的基础设施及旅游服务设施是旅游经营者从事旅游接待、旅游者开展旅游活动的基本保障。白石口村的基础设施和旅游服务设施还存在一些短板，如白石口村还没有统一的旅游发展规划，村庄内部道路不完善，供水供电等基础服务承载力不够，卫生厕所和污水处理还达不到大规模旅游接待的要求，等等。

1. 制定村庄旅游发展规划

白石口村旅游发展还没有系统的规划的指导，现阶段旅游开发建设还处于自发阶段。涞源县政府及相关旅游扶贫部门应针对白石口村的实际情况和切实需求，请专业机构对白石口村旅游开发进行总体规划。白石口村旅游发展规划应特别注重梳理村庄旅游发展与白石山景区发展和其他村庄旅游开发之间的关系，要避免盲目开发和避免与周边村庄形成恶性竞争。要在创新上下功夫，分析客源构成，选择目标市场，坚持以独特取胜，着力提升白石口村旅游发展的文化品位。拒绝过度商业化、城市化和过多的人造景观，否则白石口村旅游就会既失去了个性，也失去了乡村的魅力。

2. 加强村内道路、供水供电等基础设施的建设改造

前期村庄按照北方明清建筑风格建设了全长 320 米的仿古一条街，打造了景观河，对后山 31 万平方米的梯田

进行了花海打造，对 1.2 万平方米的进村道路两侧进行了绿化，对全村 93 处旧危房屋全部进行了改造，新打出水量为每小时 25 立方米的机井 1 眼，新建小型污水处理厂 1 座，共铺设主街道上下水管网约 1500 米，各分支管网 3500 米，部分解决了村民及游客的安全饮水问题。经过前期的建设白石口村的硬件基础设施已经有所改善，但考虑到将来进行大规模旅游接待，村庄在基础设施上还存在一些短板，下一步，白石口村应重点完善村庄内部道路、供水、供电、通信、停车场等配套设施和卫生厕所、垃圾处理、污水处理等设施建设，强化综合配套服务功能，提高村庄的游客承载力，增加旅游容量。

3. 提升村内旅游服务设施的承载力

到 2016 年底，风凉沟村共有农家院 30 家，高端规模酒店 3 家，床位 1170 张，旅游产品销售网点 10 个，独立餐厅 10 家。白石山景区周边农家乐、旅馆已经将近 300 家。大规模的旅游接待迫切需要村庄提升餐饮、娱乐、购物等方面的旅游服务设施的承载力。

第三节　整合村域资源，提升村庄旅游发展的质量和效益

目前，白石口村旅游发展主打农家院和风凉沟村仿古

一条街，低端的住宿接待和单一的旅游商品销售不能为白石口村旅游发展带来持续的经济收入，甚至会引发与白石山景区和周边村庄之间的恶性竞争，破坏当地旅游发展的秩序。为此，白石口村旅游开发应注重与景区和周边村庄的错位发展、互补发展，提升村庄的文化内涵。

1. 与白石山景区互补发展，将村庄打造成景区游客住宿的重要承载地

资源没有整合就难以发挥集聚效应，无法实现最大利益。白石口村旅游扶贫首先要凭借白石口村优越的区位优势、交通条件和宜人的气候生态环境，整合村内丰富的山场和劳动力等资源，借白石山景区强大的旅游吸引力形成的客流，落实河北省旅游工作领导小组提出的景村共建旅游扶贫计划。白石口村应重点承担景区的配套服务功能，完善食、住、购、娱四要素。由村委或村内经营大户成立合作社，对村庄旅游发展进行统筹谋划，实现村庄与白石山景区的错位开发、互补发展，提升村内家庭旅馆、民宿和酒店等住宿设施的水平，将村庄打造成白石山景区游客住宿的重要承载地，让游客游在白石山、住在白石口。

2. 进行民俗文化资源整合，使游客住在白石口、乐在白石口

整合利用白石口村浓厚的乡村文化、鲜明的村庄风貌、精彩的乡村故事，特别是真切感人的扶贫故事，与专业的文化娱乐创作公司合作，进行文化艺术创作，推出游客喜闻乐见的文化艺术作品。打造技艺展示、创意农事体验、商品展销、艺术节庆等旅游产品，让游客在村庄内感

受到浓浓的村庄文化，真切体验到民俗民风，参与真实的农业劳作，使游客住在白石口、乐在白石口。

3. 设计开发富有乡村文化和地域特色的旅游商品

风凉沟村仿古一条街是白石口村旅游商品销售的集中场所，但通过调研发现，商业街内销售的商品与其他景区所售商品同质化现象较为突出，缺少富有当地乡村文化和地域特色的旅游商品，白石口村及相关部门和商户应积极开发一些游客喜闻乐见的富有村庄特色的旅游购物品和纪念品。

第四节 开展技能培训，提高村民整体素质和旅游参与能力

贫困人口参与旅游扶贫是实现旅游扶贫目标最为有效的途径之一。贫困人口旅游扶贫参与能力将直接影响其参与旅游扶贫的意愿、参与的层次及方式，进而会最终影响其旅游扶贫参与的受益情况。针对贫困人口的帮扶，主要是根据贫困人口参与旅游的障碍，采取针对性的措施，降低贫困人口旅游扶贫参与的门槛，提高他们旅游参与的能力和质量。对白石口村的调研发现，在村庄旅游发展过程中，村民除了在景区就业或在家庭旅馆帮工获取少量收入外，很少有其他方面的收入，务工性收入是大多数村民分

享旅游发展红利的主要途径。但是，大量村民主要从事保安、保洁等半技术性工作，经济地位和收入均较低，而报酬较高的管理性和技术性工作由外来人口从事，如家庭旅馆、风凉沟村内商铺基本由外来人口经营管理，村民在就业和收入方面无法充分获得旅游发展带来的经济利益。这种现象的产生，固然有利益分配机制不完善等制度性方面的原因，但也与白石口村村民自身素质较低、参与旅游开发经营的能力较弱等因素直接相关。白石口村由于经济发展落后，居民的受教育程度不高、民主意识和参与意识较淡薄、参与能力较弱，这些因素制约了村民参与旅游发展。因此，白石口村的旅游扶贫应重视教育和培训，应积极开展旅游服务技能培训，提高村民特别是困难村民的整体素质，进而提升他们在村庄旅游发展中的参与能力。

1.提高贫困家庭的旅游意识，激发他们参与旅游的意愿

贫困家庭成员的旅游参与意愿是其参与村庄旅游发展的动力来源，是从根本上实现贫困人口自我发展的重要前提，因此，旅游扶贫首要的是激发贫困人口参与的愿望。美国心理学家维克托弗鲁姆提出了期望理论，他认为激励水平取决于期望值与效价的乘积，也就是说贫困人口参与旅游活动的意愿主要由"参与旅游的难易程度"及"参与后能获得的回报"共同决定。可以从降低贫困人口参与旅游的难度和提高他们对参与带来回报的认识两方面着手，来激发贫困人口参与村庄旅游发展的意愿。以此次国情调研为契机，对白石口村村民特别是困难村民开展多轮教育培训，使他们充分了解旅游，让他们意识到旅游业的持

续发展将给他们带来大量的就业机会，将会大大提升村庄的基础设施和改善卫生环境，将带动村庄经济的发展，使村民彻底摆脱贫困，走上致富之路，进而激发他们参与旅游发展的意愿，并主动保护好旅游资源和维护好村庄旅游环境。

2. 加强旅游经营管理和服务技能培训，提高村民旅游参与能力

大量实证研究表明，教育培训与贫困人口脱贫有着显著的正相关关系。应加大教育培训及宣传力度，转变贫困人口的落后思想观念，培养贫困人口的市场经济意识，使其了解和遵循市场规律，接受市场经济的思维和理念，积极参与旅游市场竞争，通过旅游经济发展改变贫困人口的贫困状况。在市场经济条件下，贫困人口旅游扶贫参与能力建设的内容至少要包含旅游产品生产和服务能力建设、进入旅游市场能力建设、抵御各种风险（如来自自然、疾病、市场等方面的风险）能力建设、参与公共事务能力建设及社会交往能力建设等。教育培训是提高贫困人口旅游扶贫参与能力的基本措施。针对贫困人口旅游扶贫参与的需要，教育培训内容主要由基础性培训和专门性培训构成。其中基础性培训针对所有参与旅游扶贫的贫困人口，帮助贫困人口树立正确的旅游观和发展观。具体包含生态环境意识、旅游开发与规划基础知识、旅游扶贫参与形式与技术、社交礼仪、当地风俗人情及旅游资源概况、环境保护等，目的是增加贫困人口的旅游基础知识，提高贫困人口旅游扶贫参与意识。

专门性培训针对直接从事旅游行业经营或服务接待的贫困人口，如旅游服务行业中的导游、家庭旅馆开办者、个体户等。具体培训内容根据各地情况、个体情况而定，包括导游、普通话、英语、传统工艺技术培训等。贫困人口旅游扶贫参与教育培训可采取多种形式进行：可定期举行旅游知识与技能大赛，普及旅游相关的礼仪礼节，编制旅游知识小册子；与当地科技扶贫、教育扶贫及国家目前有关培训项目结合进行培训；政府还可以与非政府组织或企业共同组织专题培训；充分利用已有的扶贫活动，如光彩事业、幸福工程、贫困农户自立工程、青年志愿者支教扶贫计划；等等。在培训的过程中还要处理好代内与代际的连续性，除对贫困人口进行旅游培训外，还要对有旅游参与意向的下一代进行相应的旅游职业培训，可以把他们安排到旅游职业学校学习。当然，考虑到贫困人口间的差异，旅游扶贫参与的方式、内容不同，旅游教育培训要采用分层培训法，因人而异、因时而异。

3. 降低贫困人口参与旅游的门槛，防范参与的风险，保障贫困户分享村庄发展红利

依托白石山景区稳定的客源，并在村庄形成一定住宿接待规模的基础上，由村集体成立公司或村内经营大户牵头成立合作社，积累资金对村内闲置民房进行提升改造，进一步提升村庄接待能力。在村庄进行旅游开发和接待中，村集体按照经营户经营收入的一定比例设立困难户帮扶基金，保障困难群众能分享村庄整体经济规模扩大的红

利。同时，由上级行政部门或村集体出资，重点对村内贫困户的房屋、承包的农田和山场进行设计开发，在保证贫困户住房条件的前提下，将他们闲置的房屋开发成能接待游客的农舍，将他们承包的农田和山场开发成开展采摘和农事体验的场所。如果自己无力经营，可由村集体或村内规模较大的经营户代为经营管理或联合经营，困难户从中获得稳定的租金。另外，可采取特许经营、划定经营范围等形式为贫困人口保留一定的份额，增强贫困人口的市场进入能力，避免当地贫困人口开办的小型旅游企业无法立足。同时，在村民中选择参与旅游意愿较强、文化程度较高的年轻人，这些年轻人在经过系统培训后，深度参与村庄旅游经营活动或开办旅游企业，在村庄内起到示范带头作用，形成示范效应。其他居民向示范户学习经验和技术，相继加入旅游接待的行列，最终在村庄内形成浓厚的旅游经营氛围。

大量研究表明，贫困人口只有参与旅游扶贫规划、旅游扶贫决策和管理等较高等级的活动才能真正从旅游扶贫中获利。因此，使贫困人口更多地从旅游扶贫中获得发展和收益，就要提高贫困人口旅游扶贫参与的质量，让贫困人口参与旅游扶贫的全过程和各个环节，包括旅游扶贫项目的识别（选择）、规划、开发、实施、决策、管理、监督和评估等。

第五节　拓宽融资渠道，为贫困户参与旅游提供启动资金

　　旅游扶贫参与需要建立在一定的经济基础之上。经济发展落后、经济基础薄弱、积累不足、缺乏参与旅游发展所必需的经济条件，已经成为制约贫困人口参与旅游扶贫的主要因素。因此，有必要针对贫困人口实际给予适当的资金、物质援助。

　　旅游资源开发的投资建设周期比较长，对资金的需求和消耗比较大，白石口村的贫困户参与旅游活动首先需要大量的启动资金，村庄旅游扶贫开发也需要大量的资金投入，村委会和上级政府部门需要广开思路、广纳资金，积极拓宽融资渠道，帮助有意愿、有能力开展旅游经营的贫困户获得启动资金。可尝试以下几种方式。

　　1. 推行村民旅游资源入股模式

　　采取"公司+农户（贫困户）"，能人带农户（贫困户），能人吸纳或租赁贫困户山林、果园、土地、房产等生产资料、资源合作参股、共同建设等形式。由政府规划、企业或能人牵头，进行市场化运作。引导、鼓励懂经营、善管理的企业、能人进行开发建设，根据需要吸纳或租赁贫困户的部分果园、山林、土地等生产资源，使这些生产资源作价入股，经营业主可聘贫困户家中劳动力在经济实体中从事管理和生产工作，拓宽贫困户增收致富的渠道。

2. 争取扶贫信贷支持

政府牵头帮助贫困户牵线搭桥，形成"村集体＋贫困户""旅游企业＋贫困户""能人＋贫困户"等旅游经营联合体，由联合体向银行或其他组织申请扶贫信贷资金。政府应积极引导金融机构根据带动白石口村村内贫困户实现增收的情况，为景区、能人、企业（合作社）提供成本低、期限长的信贷支持。要协调金融机构，使金融机构放宽贫困人口贷款条件，延长贷款期限，提供旅游扶贫小额贷款、低息贷款等。

3. 争取各级政府和社会组织的扶贫资金注入

建立旅游扶贫资金整合机制。通过整合涉农资金、财政扶贫资金、对口扶贫资金、部门项目资金、社会投入资金等，形成支撑白石口村贫困人口旅游扶贫参与的强大合力，为贫困人口提供充足的资金支持。在旅游扶贫部门的统一协调下，将不同来源、不同类型的资金捆绑使用，以整合资源、发挥合力。

4. 吸引旅游企业参与白石口村旅游开发

营造社会各界对旅游扶贫投入的环境，实施对口帮扶和定点联系帮扶，引导企业、非政府组织等加大对白石口村贫困人口帮扶的投入，如通过税收杠杆引导企业垫资帮助贫困人口发展旅游。支持和鼓励以龙头企业为代表的专业化旅游企业参与贫困地区旅游开发，与专业化旅游企业商定定向帮扶贫困户的协议，并给予优惠配套政策，充分发挥龙头旅游企业的专业优势打造核心旅游产品，进而实现企业与农户的共赢发展。

5.自筹资金

贫困人口不仅仅是旅游扶贫资金和项目的接受者与使用者，同时还是旅游扶贫资源的提供者。贫困人口可以通过互助和自筹的方式筹集旅游扶贫资金，贫困人口还可以通过参与旅游就业，以投入劳动力的方式获取工资报酬。

第六节　创新旅游发展体制机制，理顺与白石山景区的关系

1.创新村民旅游资源入市的体制机制

当地政府部门应积极探索村民以土地经营权、宅基地使用权、房屋所有权入股等形式参与旅游产业发展的体制机制，积极推进改革和创新，在白石口村推进承包经营权流转，落实农民对集体资产股份占有等相关权益，提高贫困农民财产收益比重，促进农民脱贫并长期分享旅游发展的成果。要着眼长远，科学规划，加强对自然生态环境和乡村特色文化保护，积极引入现代经营理念，稳步有序推进开发，不断提高旅游服务水平和发展质量。

2.建立科学合理的利益分配机制

相关政府部门和村委会要不断增加村民的就业机会，保证贫困家庭成员优先被雇用的权利。如当地相关部门可

有意识地采取一些经济激励措施，可与景区达成协议，保证白石口村村民，特别是困难村民被优先雇用的权利，鼓励困难家庭参与旅游产品生产、原材料的生产和制作，如旅游消费中的肉、蛋、奶生产及传统手工艺品制作等。

3. 在白石口村推行"公司＋农户"的旅游经营模式

旅游企业往往具备村民所不具备的在旅游产品整合、市场开拓、信息获取、技术创新等方面的能力，而村民作为乡村旅游资源的所有者，在旅游目的地文化资本向商业资本转移的过程中具有不可或缺的作用。通过两者的利益黏合，旅游企业以代理人的身份经营乡村农户集体所有的旅游资源，农户则灵活经营一些小型的、零散的旅游项目，形成了对旅游企业的有效补充，由此充分发挥二者在旅游产业链的各环节中的既有优势，通过合理分配利益，释放村民在旅游参与过程中的积极性和创造性。

附　录

白石口村旅游发展

调查问卷

户名：

1. 您家中 2014 年旅游收入有＿＿＿＿＿元，2015 年旅游收入有＿＿＿＿＿元，2016 年旅游收入有＿＿＿＿＿元。您家居住和接待游客的房屋类型是＿＿＿＿＿（别墅、平房、楼房、窑洞、其他）

2. 您家中有＿＿＿＿＿人从事与旅游相关的工作

3. 您家是否经营度假别墅、农家乐、宾馆等

   □是　　□否

3.1 您家从＿＿＿＿＿年开始经营，最开始发展旅游时有＿＿＿＿＿个房间作为接待游客使用，最开始从事旅游接待的原因是（可多选）：

   □有闲钱并出去考察效仿其他旅游村后有了想法

   □村里集体鼓励动员

   □邻里搞了旅游接待受感染

   □各项金融贷款和补贴政策的引导

   □其他

3.2 目前有＿＿＿＿＿个房间作为接待游客使用，每年能接待游客＿＿＿＿＿人，每年的旅游收入为＿＿＿＿＿元。

3.3 您家五年家中旅游接待的规模有什么变化？

□扩大　　□缩小　　□没有变化

若扩大，原因是＿＿＿＿＿＿＿＿＿＿＿。

若缩小，原因是＿＿＿＿＿＿＿＿＿＿＿。

3.4 您家旅游接待或旅游经营未来扩大规模，希望通过以下途径？

□自有资金为主

□获得外界政策和资金支持

□加入外来旅游企业市场化项目运作

□其他

3.5 您家近五年家中参与旅游的成员数量有什么变化？（增／减，变化数量为＿＿＿＿＿人）

3.6 每年的游客接待高峰时期，您雇佣＿＿＿＿＿个非家庭成员

□邻户　　□邻村　　□邻乡

3.7 您家是否希望乡镇或者村集体提供统一的乡村旅游接待公共服务？

□是　　□否

希望提供何种公共服务？

□统一床单布草的洗涤

□统一烹饪原材料的配送

□统一旅游培训与指导

□组织统一的付费清扫房间

□村里配备医务室

□其他

3.8 您招徕游客的主要方式是：

□电话预定的游客

□回头客

　　□其他

　　是否在通过互联网或者微信悬挂宣传信息招徕游客：

　　□是　□否

4. 您家庭成员中是否有在旅游景区从事服务工作？

　　□是　□否

4.1 您家是否有成员在旅游景区从事什么工作？

　　□打扫卫生　□安保工作　□导游　□司机　□其他

4.2 家中成员_____年开始在景区工作，每年在景区工作的时间是_____个月。

4.3 家中成员除了在景区工作，一年中外出打工时间_____个月。

5. 您家中是否有成员经营副业（经营超市；经营小吃摊或买卖玩具；通过各种自营交通工具运输客人；卖山货等）？

　　□是　□否

5.1 您家经营的副业是（可多选）？

　　□零售超市

　　□KTV、洗浴中心等娱乐场所

　　□理发店

　　□经营小吃摊或买卖玩具

　　□通过各种自营交通工具运输客人

　　□卖山货等

　　□制作和销售特色旅游产品

　　□其他

5.2 从_____年开始经营旅游副业（□开超市、□KTV、□理发店、□卖山货、□卖玩具、□接送游客，□其他），每年有_____元旅游副业经营收入。

6. 您家庭其他成员中没有从事与旅游相关的行业的原因是_____。

7. 家中全部成员或者部分成员未能从事或参与旅游相关工作的原因是以下哪种：

　　□因病　□因残　□没有足够资金　□没有足够劳动力
　　□没有足够的宅院空间　□没有技术支持　□在外打工
　　□其他

8. 您认为您参与到本地旅游业中最大的障碍（多选题）？

　　□文化水平不高，能力不够　　□缺少资金和信贷机会
　　□缺少政府的支持　　　　　　□缺乏相关组织的引导
　　□其他

9. 如您不从事本村或周边景区旅游相关行业，您是否愿意旅游公司使用您的住宅或土地进行旅游开发（是/否）？如不愿意，主要顾虑是_____？

10. 您家对于未来旅游接待或者经营项目有什么计划或打算？

11. 您享受过什么旅游相关项目的补贴和贷款政策_____。

12. 您认为目前或将来从事旅游接待、旅游经营和服务过程中会有什么困难或需求？

13. 是否接受过乡镇或者村里的旅游培训和动员：□是；□否。您愿意以何种形式进行（□专家来村培训；□发放音频、视频资料；□村集体开会培训；□其他_____）？

14. 您对游客进入本村的态度：□欢迎；□一般；□反对；如反对，主要原因是＿＿＿＿＿＿＿＿＿

15. 您对本村旅游开发和总体规划有什么看法和意见建议＿＿＿＿＿＿＿＿＿？

16. 您家是否有因为村里旅游发展而进行土地流转或宅基地流转？土地流转的具体情况是＿＿＿＿＿＿＿＿＿。因流转的补贴和收益为＿＿＿＿＿元。

17. 您认为自家有何种资源和优势参与到旅游业发展中？（□资金　□房屋富足　□土地富足　□劳动力富足　□其他＿＿＿＿＿）

18. 此题请访谈者填写，通过此次访谈您觉得此家农户通过挖掘自身资源实现脱贫或增收的意愿是否强烈，参与旅游的主观意愿如何，困难何在？

参考文献

包军军、严江平:《基于村民感知的旅游扶贫效应研究——以龙湾村为例》,《中国农学通报》2015年第6期。

陈丽华、董恒年:《可持续旅游扶贫开发模式研究——社区参与乡村旅游》,《淮海工学院学报》(人文社会科学版)2008年第1期。

邓小海、曾亮、罗明义:《精准扶贫背景下旅游扶贫精准识别研究》,《生态经济》2015年第4期。

邓小海:《旅游扶贫精准帮扶探析》,《新疆大学学报》(哲学·人文社会科学版)2015年第6期。

邓小海:《旅游精准扶贫研究》,云南大学博士学位论文,2015。

邸明慧、郑凡、徐宁等:《河北省环京津贫困县旅游扶贫适宜模式选择》,《地理与地理信息科学》2015年第3期。

高舜礼:《旅游宣传的薄弱与强化》,《旅游学刊》2015年第7期。

郭东:《4档最低工资标准全部上调170元》,《河北日报》2016年7月1日。

郭清霞:《旅游扶贫开发中存在的问题及对策》,《经济地理》

2003 年第 4 期。

郭舒:《基于产业链视角的旅游扶贫效应研究方法》,《旅游学刊》2015 年第 11 期。

郭伟、李树峰:《旅游扶贫开发须重视的几个问题——以河北省为例》,《统计与决策》2001 年第 3 期。

胡碧波、孙义:《白石山旅游助力当地几万人脱贫》,《中国产经新闻》2018 年 2 月 6 日。

贾楠:《河北实施乡村旅游提升与旅游精准扶贫行动计划》,《河北日报》2016 年 12 月 22 日。

寇国莹:《念好"山字经"端上"金饭碗"》,《河北日报》2018 年 6 月 6 日。

李会琴、侯林春、杨树旺等:《国外旅游扶贫研究进展》,《人文地理》2015 年第 1 期。

李双成、王俊霞:《京津冀区域旅游业发展现状的统计分析》,《商》2016 年第 26 期。

李天元:《旅游教育与旅游学》,《旅游学刊》1991 年第 1 期。

李崴、杜楠华、卢丹丹:《华北地区旅游型村镇住居模式探讨——以保定涞源白石山景区为例》,《安徽农业科学》2015 年第 33 期。

林红:《对"旅游扶贫"论的思考——兼议西部旅游开发》,《北京第二外国语学院学报》2000 年第 5 期。

刘锋:《三大视角探析京津冀区域旅游合作》,《旅游学刊》2014 年第 10 期。

邱云美:《社区参与是实现旅游扶贫目标的有效途径》,《农村经济》2004 年第 12 期。

孙轶、范露:《涞源县贫困状况分析报告》,《统计与管理》2018年第2期。

孙志国、钟儒刚、刘之杨等:《武陵山片区旅游名镇名村打造与乡村旅游扶贫开发研究》,《安徽农业科学》2012年第35期。

王淑娟、李国庆:《环京津贫困带旅游扶贫困境分析——基于旅游产业链的视角》,《河北经贸大学学报》2015年第6期。

王铁:《规划而非开发——对旅游扶贫规划中的几个问题的探讨》,《旅游学刊》2008年第9期。

王玉成、任朝旺、史玉江:《河北省旅游扶贫问题及对策研究》,《河北大学学报》(哲学社会科学版)2004年第4期。

魏翔:《关注闲暇经济学提高人文质量》,《当代经济》2005年第11期。

席建超、王首琨、张瑞英:《旅游乡村聚落"生产-生活-生态"空间重构与优化——河北野三坡旅游区苟各庄村的案例实证》,《自然资源学报》2016年第3期。

杨邦杰:《乡村振兴:产业、基建、人才与政策》,《中国发展》2017年第6期。

叶俊:《基于社区参与的大别山旅游扶贫开发模式研究》,《湖北农业科学》2015年第7期。

张瑞英、席建超、葛全胜:《基于生命周期理论的旅游者碳足迹分析:一种"低碳旅游"测度框架及其实证研究》,《干旱区资源与环境》2015年第6期。

赵伟兵:《旅游扶贫的风险性及对策研究》,广西大学硕士学位论文,2003。

《中共中央国务院关于实施乡村振兴战略的意见》,《农村经营管理》2018 年第 2 期。

邹明珠、刘金奇、刘艾嘉:《对保定市涞源县产业扶贫的调研分析》,《中小企业管理与科技》(下旬刊) 2016 年第 9 期。

后 记

　　河北涞源县是国家十大贫困县之一，白石口村属涞源县白石山镇，位于世界地质公园白石山脚下，自然风光优美。白石山景区吸引了全国各地的游客，大量游客的到来也为处于景区入口的白石口村带来了商机。依托良好的地理区位和白石山国家 5A 级旅游景区招牌，村里积极发展旅游住宿、餐饮、零售等服务业，如今旅游业已成为村内经济的主导产业。白石口村旅游扶贫工作实践受到各级政府的高度重视，2015 年白石口村被国家旅游局定为全国旅游扶贫村和河北省首届旅游发展大会的主要承接地。白石口村已经成为乡村旅游扶贫的一个典型案例。

　　在精准扶贫、旅游扶贫发展的时代背景下，本研究以涞源县白石口村为案例，从旅游扶贫的视角，深入实地调研，对白石口村旅游发展进行全面描述，梳理白石口村旅游扶贫工作现状，探讨乡村旅游扶贫工作的意义和路径。调研成果不仅有利于更好地认识白石口村旅游扶贫工作的困难、挑战，深入推进白石口村旅游扶贫工作的开展，也能为全国其他贫困农村地区的经济发展积累经验、提供借鉴。

本次调研报告得以顺利完成，得益于中国社会科学院精准扶贫精准脱贫百村调研项目组的支持和指导，在此表示衷心的感谢！调研组成员康文梅、林陈贞、吕献红、丁群、李浩然等不辞辛苦驻乡入户，取得一手数据，并以严谨的态度对数据进行科学分析。河北省涞源县扶贫、旅游等相关部门和白石山镇各级领导和村民对调查工作给予了大力支持，尤其是驻村领导甄晓洁女士和村支部书记崔保军先生亲自带队开展调研，为调研工作顺利推进奠定了基础。在此致以诚挚谢意。最后感谢为本书出版不辞辛劳的社会科学文献出版社的编辑老师和校对老师！

实践出真知。通过实地调研，我们更深入地认识了贫困地区和贫困人口的现状，更系统地分析了包括旅游发展在内的不同扶贫方式的意义和路径，为促进贫困地区实现可持续发展积累了经验。也希望能为相关研究和实践工作提供借鉴和参考。

王　谋

2018 年 10 月

图书在版编目（CIP）数据

精准扶贫精准脱贫百村调研. 白石口村卷：乡村旅游扶贫的经验与路径 / 王谋著. -- 北京：社会科学文献出版社，2018.12

ISBN 978-7-5201-3773-7

Ⅰ. ①精… Ⅱ. ①王… Ⅲ. ①农村-扶贫-调查报告-涞源县 Ⅳ. ①F323.8

中国版本图书馆CIP数据核字（2018）第246008号

· 精准扶贫精准脱贫百村调研丛书 ·

精准扶贫精准脱贫百村调研·白石口村卷
——乡村旅游扶贫的经验与路径

著　者 / 王　谋

出 版 人 / 谢寿光
项目统筹 / 邓泳红　陈　颖
责任编辑 / 陈　颖　侯婧怡

出　　版 / 社会科学文献出版社 · 皮书出版分社（010）59367127
　　　　　　地址：北京市北三环中路甲29号院华龙大厦　邮编：100029
　　　　　　网址：www.ssap.com.cn
发　　行 / 市场营销中心（010）59367081　59367083
印　　装 / 三河市尚艺印装有限公司

规　　格 / 开　本：787mm×1092mm　1/16
　　　　　　印　张：15.5　字　数：150千字
版　　次 / 2018年12月第1版　2018年12月第1次印刷
书　　号 / ISBN 978-7-5201-3773-7
定　　价 / 59.00元

本书如有印装质量问题，请与读者服务中心（010-59367028）联系